Wirtschaftsförderung in Lehre und Praxis

Weitere Bände in dieser Reihe
http://www.springer.com/series/15091

Herausgeber:

André Göbel
FB Verwaltungswissenschaften
Hochschule Harz
Halberstadt, Deutschland

Die Buchreihe ergänzt das Studium der Wirtschaftsförderung an der Hochschule Harz und wurde unter der Leitung von Professor Dr. André Göbel in enger Kooperation mit Partnern aus der Wissenschaft und Praxis entwickelt. In einem modularen Aufbau werden Grundlagen-, Methoden- und Schlüsselkompetenzen vermittelt. Neue Bedingungen im kommunalen, regionalen und internationalen Standortwettbewerb erfordern eine moderne Verwaltungsinfrastruktur mit ausgezeichnet qualifiziertem Nachwuchs an Fach- und Führungspersonal. Eine hohe Serviceorientierung, effektive Methoden und Technologien und eine immer stärkere Verzahnung mit der kommunalen Entwicklung prägen das Bild der heutigen Wirtschaftsförderung. Als Bindeglied zwischen Verwaltungen und Unternehmen bieten Wirtschaftsförderungen ein vielseitiges Tätigkeitsfeld. Buchreihe und Zertifikatskurs richten sich an MitarbeiterInnen aus der Wirtschaftsförderung, der kommunalen Verwaltung sowie an politische Mandatsträger und an Interessierte aus ähnlichen Berufsfeldern.

Jörg Lahner

Entwicklung und Regionalökonomie in der Wirtschaftsförderung

Grundlagen für die Praxis

Jörg Lahner
Fakultät R
HAWK
Göttingen, Deutschland

Wirtschaftsförderung in Lehre und Praxis
ISBN 978-3-658-13935-3   ISBN 978-3-658-13936-0 (eBook)
DOI 10.1007/978-3-658-13936-0

Die Deutsche Nationalbibliothek verzeichnet diese Publikation in der Deutschen Nationalbibliografie; detaillierte bibliografische Daten sind im Internet über http://dnb.d-nb.de abrufbar.

Springer Gabler
© Springer Fachmedien Wiesbaden 2017
Das Werk einschließlich aller seiner Teile ist urheberrechtlich geschützt. Jede Verwertung, die nicht ausdrücklich vom Urheberrechtsgesetz zugelassen ist, bedarf der vorherigen Zustimmung des Verlags. Das gilt insbesondere für Vervielfältigungen, Bearbeitungen, Übersetzungen, Mikroverfilmungen und die Einspeicherung und Verarbeitung in elektronischen Systemen.
Die Wiedergabe von Gebrauchsnamen, Handelsnamen, Warenbezeichnungen usw. in diesem Werk berechtigt auch ohne besondere Kennzeichnung nicht zu der Annahme, dass solche Namen im Sinne der Warenzeichen- und Markenschutz-Gesetzgebung als frei zu betrachten wären und daher von jedermann benutzt werden dürften.
Der Verlag, die Autoren und die Herausgeber gehen davon aus, dass die Angaben und Informationen in diesem Werk zum Zeitpunkt der Veröffentlichung vollständig und korrekt sind. Weder der Verlag, noch die Autoren oder die Herausgeber übernehmen, ausdrücklich oder implizit, Gewähr für den Inhalt des Werkes, etwaige Fehler oder Äußerungen.

Coverdesign: deblik Berlin unter Verwendung der Grafik der © Hochschule Harz

Gedruckt auf säurefreiem und chlorfrei gebleichtem Papier

Springer Gabler ist Teil von Springer Nature
Die eingetragene Gesellschaft ist Springer Fachmedien Wiesbaden GmbH
Die Anschrift der Gesellschaft ist: Abraham-Lincoln-Str. 46, 65189 Wiesbaden, Germany

Reihenvorwort des Herausgebers

André Göbel (Foto: Hochschule Harz)

Der vorliegende fünfte Band in der Schriftenreihe zur „Wirtschaftsförderung in Lehre und Praxis" soll einen Beitrag zur weiteren Professionalisierung der kommunalen Wirtschaftsförderung im deutschsprachigen Raum leisten. Die Schriftenreihe ist dabei prominent eingebettet in die Entwicklungen und angewandt-wissenschaftlichen Auseinandersetzungen beteiligter Forscherinnen und Forscher am Fachbereich Verwaltungswissenschaften der Hochschule Harz auf dem Campus Halberstadt in Sachsen-Anhalt.

Der Forschungs- und Ausbildungsbereich zur Wirtschaftsförderung ist ein interdisziplinärer Themencluster mit starkem Bezug zur öffentlichen Verwaltung. Am Fachbereich Verwaltungswissenschaften der Hochschule Harz wird dieser Themencluster unter anderem als eigenständiger Forschungsschwerpunkt intensiv bearbeitet. Der junge Fachbereich entstand durch die Externalisierung der nicht-technischen Ausbildung zum gehobenen Verwaltungsdienst in Sachsen-Anhalt im Jahre 1997 – ein damaliges Innovationsmodell zur Öffnung der Verwaltungsausbildung und Überführung in eine öffentliche Hochschule. Bis heute wird diese Vorgehensweise als „Halberstädter Modell" bezeichnet und wurde in späteren Jahren auch von anderen deutschen Bundesländern umgesetzt (Bundesvereinigung Hochschullehrerbund 1998, S. 21). Diese Öffnung der Ausbildung ließ erstmals eine breitere Denomination der Professuren und damit auch eine Ausweitung der Ausbildung zu. Mit der Berufung des heutigen Dekans Prof. Dr. Stember auf die Professur für Verwaltungswissenschaften im Jahre 1999 folgte ein erfahrener Wirtschaftsförderer dem Ruf an die Ausbildungsstätte im Harz. Auch durch andere Kolleginnen und Kollegen wurden immer wieder Themen der kommunalen Wirtschaftsförderung in die Ausbildung integriert.

Aus diesem Nukleus heraus entstanden erste Forschungsprojekte bis hin zum Aufbau des heute bundesweit viel beachteten Labors für angewandte IT in der Wirtschaftsförderung. Dieses „Wirtschaftsförderungslabor" führt inzwischen vertraglich mehr als 50 kommunale Wirtschaftsförderungen und die deutschen Marktführer von System- und Beratungslösungen für Wirtschaftsförderungen als Partner zusammen. Hier werden seit dem Jahr 2011 in einer einzigartigen Gemeinschaft neue Methoden und Technologien im Anwendungsfeld der Wirtschaftsförderung analysiert, diskutiert und im Praxiseinsatz erprobt. Hinzu kam im Jahr 2013 der Aufbau eines zugehörigen Lehrlabors zur besseren Verzahnung von Forschung und Ausbildung (vgl. Göbel 2014).

Diese Leistungen wurden durch eine erfolgreiche Teilnahme am Wettbewerb „Aufstieg durch Bildung: offene Hochschulen" honoriert. Hierdurch werden seit 2014 mit Förderung des Bundesministeriums für Bildung und Forschung, kofinanziert durch die Europäische Union mit Mitteln des Europäischen Sozialfonds, erste Zertifikatskurse zur berufsbegleitenden Weiterbildung in der Wirtschaftsförderung realisiert. Mit großem Bestreben werden ab dem Wintersemester 2016/2017 diese geförderten Weiterbildungsangebote nachhaltig zu einem berufsbegleitenden und modular angebotenen Zertifikats- und Masterstudium an der Hochschule Harz zusammengeführt. Hierdurch möchte die Hochschule Harz der bestehenden Nachfrage gerecht werden, welche die vorliegenden Anfragen und die bisherigen Teilnehmer von der Geschäftsführungsebene bis zur Sachbearbeitung bestätigen.

Um diesen Ausbildungsbeitrag zur Professionalisierung des Berufsbilds der Wirtschaftsförderinnen und Wirtschaftsförderer weiter zu stärken, werden mit der vorliegenden Schriftenreihe die gewonnenen Erkenntnisse aus Lehre und Praxis sowohl als Printmedium sowie auch in Form von digitalen Auszügen über moderne Kommunikationskanäle verfügbar gemacht. Die aktuell in sehr kurzen Zyklen produzierten Bände dieser Schriftenreihe folgen dem modularen Ausbildungsziel des oben genannten Zertifikatsstudiums an der Hochschule Harz. In diesem Rahmen werden je vier Bände mit dem Schwerpunkten Verwaltungswissenschaft, Geografie/Raumplanung sowie Wirtschaftswissenschaft entwickelt und in kurzen Abständen veröffentlicht. Somit soll eine modulare Weiterbildung für aktuell häufig vertretene Berufsgruppen in der kommunalen Wirtschaftsförderung ermöglicht werden. Hierzu gehören vor allem Geografinnen und Geografen mit möglichen Weiterbildungsbedarfen in Verwaltung und Wirtschaft; Soziologinnen und Soziologen sowie Studierende mit einem Abschluss in den Verwaltungswissenschaften mit jeweiligen Weiterbildungsbedarfen in Geografie und Wirtschaft; sowie Studierende der Volks- oder Betriebswirtschaft mit denkbaren Weiterbildungsbedarfen in Verwaltung und Geografie. Diese Bedarfe sollen mit der vorliegenden Schriftenreihe zur Wirtschaftsförderung in Lehre und Praxis aufgenommen und bearbeitet werden. Gleichermaßen gelten alle nachfolgenden Kernveröffentlichungen gleichzeitig als Basislektüre für das Weiterbildungsangebot zur Wirtschaftsförderung an der Hochschule Harz. Die vorliegende Schriftenreihe umfasst dabei perspektivisch folgende Bände:

Im Spektrum „Verwaltungswissen für Wirtschaftsförderer" erscheinen:

- Grundlagen der Wirtschaftsförderung
- Steuerung, Methoden und Netzwerke in der Wirtschaftsförderung
- Serviceorientierte Verwaltung und Wirtschaftsförderung
- Neue Technologien in der Wirtschaftsförderung

Zum Themencluster „Geografie und Raumplanung für Wirtschaftsförderer" erscheinen:

- Entwicklung und Regionalökonomie in der Wirtschaftsförderung
- Wissen- und Innovationsgeografie in der Wirtschaftsförderung
- Standortmanagement in der Wirtschaftsförderung
- Standortmarketing in der Wirtschaftsförderung

Im Bereich „Wirtschaftswissen für Wirtschaftsförderer" werden aktuell vorbereitet (Arbeitstitel):

- Existenzgründung und Existenzförderung in der Wirtschaftsförderung
- Unternehmensfinanzierung und -förderung aus Sicht der Wirtschaftsförderung
- Innovationsmanagement in Unternehmen aus Sicht der Wirtschaftsförderung
- Unternehmensführung und Wandel aus Sicht der Wirtschaftsförderung

Neben diesen Aspekten werden auch Querschnittsthemen in die Reihe einfließen, wie zum Beispiel aktuelle Themen der Strategieentwicklung zur Organisation der Wirtschaftsförderung und weitere Aspekte.

Mit all diesen thematischen Facetten soll ein Beitrag zur breiten öffentlichen Diskussion über die Chancen der Professionalisierung sowie über die notwendigen Kompetenzen, Ausstattungen und künftigen Aufgaben der kommunalen Wirtschaftsförderung geleistet werden. Ich freue mich daher Ihnen als Leserin und Leser nun gemeinsam mit Prof. Dr. Jörg Lahner diesen Übersichtsband zum Thema „Entwicklung und Regionalökonomie in der Wirtschaftsförderung" in der Schriftenreihe zur Wirtschaftsförderung in Lehre und Praxis anbieten zu können. Wir freuen uns auf Ihre Rückmeldungen und wünschen Ihnen eine angenehme Lektüre.

Ihr
Prof. Dr. André Göbel
Vertreter der Professur für Verwaltungsmanagement und Wirtschaftsförderung, Hochschule Harz Leiter der Labore für angewandte IT in der Wirtschaftsförderung

1. Bundesvereinigung Hochschullehrerbund 1998: Halberstädter Modell der FH Harz ist bundesweit einzigartig. Die neue Hochschule Jg. 39 (1998), H. 1
2. Göbel, André 2014: Möglichkeiten einer gezielten Förderung der Zusammenarbeit von Hochschulen, Wirtschaft und Verwaltung. Darstellung am Beispiel des Aufbaus eines Innovationslabors für Wirtschaftsförderung an der Hochschule Harz. In: Lück-Schneider, Dagmar; Kraatz, Erik: Kompetenzen für zeitgemäßes Public Management. HWR Forschung Bd. 56/57. Edition Sigma Verlag.

Inhaltsverzeichnis

1 **Einführung** 1
   1.1 Problemhintergrund und Aktualität 1
   1.2 Ziele des Moduls und Ausrichtung(en) 2
   1.3 Struktur und Navigationshinweise 3
   1.4 Literatur- und Materialienüberblick 4
   Literatur 5

2 **Modul Regionalökonomik und Entwicklung** 7
   2.1 Baustein 1: Begriff und Bedeutungsgewinn der Regionalökonomik 7
      2.1.1 Entwicklungstheorien und Regionalökonomik: Begriffliche Erläuterungen und Abgrenzungen 8
      2.1.2 Felder der Regionalökonomik im engeren Sinne 12
      2.1.3 Ursachen für den Bedeutungsgewinn der Regionalökonomik 14
   2.2 Baustein 2: Standortanalyse in der Praxis 16
      2.2.1 Standortanalyse und Standortprofil 16
      2.2.2 Befragungen als Instrument der Standortanalyse 26
      2.2.3 Datenquellen, Standortmonitoring und Benchmarking – Beispiele aus der Praxis 30
   2.3 Baustein 3: Klassische regionale Entwicklungstheorien 35
      2.3.1 Exportbasis-Theorie 35
      2.3.2 Theorie der Langen Wellen 38
      2.3.3 Endogene Regionalentwicklung 45
   2.4 Baustein 4: Agglomerationseffekte 47
      2.4.1 Der Ausgangspunkt: Marshalls Industrial Districts 47
      2.4.2 Begriff und Facetten der Agglomeration 51
      2.4.3 Agglomerationseffekte im Überblick 53
      2.4.4 Implikationen und empirische Evidenz 56
      2.4.5 Innovative Milieus 57
      2.4.6 Reflexion aus Wirtschaftsfördersicht 60

2.5 Baustein 5: Clustertheorie nach Porter 62
    2.5.1 Der Clusterbegriff 63
    2.5.2 Der Portersche Diamant 67
    2.5.3 Das erweiterte Diamantenmodell 72
    2.5.4 Porters Diamant aus Sicht der Regional- und Standortpolitik –
          Handlungsfelder für die Wirtschaftsförderung 74
    2.5.5 Warum Clusterpolitik in der Praxis so schwierig ist 75
2.6 Baustein 6: Creative Class und die Bedeutung der Fachkräfte 77
    2.6.1 Grundzüge der Theorie der „Kreativen Klasse" 77
    2.6.2 Implikationen für die Wirtschaftsförderung 82
2.7 Baustein 7: Regionales Engagement von Unternehmen 84
    2.7.1 Von CSR, CC und CRR… 85
    2.7.2 Corporate Regional Responsibility als Element der
          Regionalentwicklung und Wirtschaftsförderpraxis 87
    2.7.3 Praxisbeispiel Duderstadt 2020 89
Literatur 92

3 Gesamtresümee und Abschlusskontrolle 95
3.1 Resümee 95
3.2 Abschließende Kontrollfragen 96

**Erratum zu: Entwicklung und Regionalökonomie in der
Wirtschaftsförderung** E1

Einführung 1

Zusammenfassung

Das einführende erste Kapitel dient dazu, zunächst den Problemhintergrund zu skizzieren und zu verdeutlichen, warum Entwicklung und Regionalökonomie wichtige Basisthemen für eine moderne Wirtschaftsförderung darstellen. Rationale Wirtschaftsförderung setzt ein fundiertes und strukturiertes Vorgehen, orientiert an strategischen Zielen, voraus. Wichtiges theoretisches Rüstzeug dafür soll in diesem Buch vermittelt werden.

Die einzelnen Bausteine dieses Bandes werden in dieser Einführung ebenfalls kurz vorgestellt, ebenso die Navigation innerhalb des Werkes sowie die Möglichkeiten der Selbstüberprüfung mittels verschiedener Kontrollfragen. Nicht zuletzt erfolgen am Ende des Kapitels Hinweise zu weiterführender Literatur, die eine Vertiefung und alternative Betrachtung des Lehrstoffs erlaubt.

1.1 Problemhintergrund und Aktualität

An die kommunalen und regionalen Wirtschaftsfördereinrichtungen in Deutschland werden heute unterschiedlichste Erwartungen gerichtet. Dadurch hat sich das Spektrum der Aufgaben einer kommunalen Wirtschaftsförderung deutlich vergrößert. Die Vielfalt der Dienstleistungen hat zugenommen, aber auch die Komplexität der Arbeit. Vor allem aber geht es für die Städte und Regionen mehr denn je darum, sich im internationalen Standortwettbewerb zu behaupten, die Standortattraktivität zu erhalten und auszubauen, bestehende Unternehmen zu halten sowie neue Unternehmen durch Gründungsaktivitäten oder Ansiedlung zu gewinnen.

Dass dies nur mit engagierten und qualifizierten Mitarbeiterinnen und Mitarbeitern in den entsprechenden Institutionen gelingen kann, ist augenscheinlich. Unternehmensorientierte Kommunen und Regionen, die wichtige Leistungen in hoher Qualität erbringen, stärken ihren Standort, weil sie die Unternehmen passgenau beraten, informieren, unterstützen oder begleiten.

Wichtig ist in diesem Zusammenhang die fundierte strategische Orientierung. Strategische Wirtschaftsförderung bedeutet eine rationale und fundierte „Wirtschaftspolitik der Gemeinde oder Region", sie ist damit Dreh- und Angelpunkt für eine erfolgreiche Standortpolitik. Dazu gehören eine klare und möglichst im Konsens getragene Vorstellung über die Ziele der Standortpolitik sowie selbstverständlich eine ehrliche und umfassende Analyse des Status quo, einschließlich der historischen Entwicklungen, die zum aktuellen Istzustand geführt haben. Dann können unter Berücksichtigung der Rahmenbedingungen und Megatrends Maßnahmen abgeleitet werden, um den Standort effektiv positiv zu entwickeln. Für die Wirtschaftsförderungen bedeutet dies, dass die angebotenen (Dienst-)Leistungen keinen Selbstzweck verfolgen, sondern auf das Zielsystem ausgerichtet sind.

Erfolgreiche Standortentwicklung muss ganzheitlich erfolgen, also mehr umfassen, als das, was Einrichtungen der kommunalen und regionalen Wirtschaftsförderung in der Regel alleine zu leisten im Stande sind. Gefordert sind damit sowohl andere Stellen innerhalb der Verwaltung als auch zahlreiche Stakeholder außerhalb der Verwaltung: Vereine, Kammern, Verbände, Unternehmen, nicht zuletzt die Bürgerinnen und Bürger.

Erfolgreiche Standortentwicklung, zumal wenn sie strategisch erfolgen soll, bedarf dabei stets eines theoretischen Fundamentes. Wer durch Standortpolitik gestalten, Standfaktoren positiv beeinflussen will, sollte dies nicht allein „aus dem Bauch heraus" tun. Zwar kommt von dort in der Regel wertvolles Erfahrungswissen zum Tragen, aber eine rationale Standortentwicklung sollte mindestens in gleichem Maße theoretisch fundiert erfolgen.

1.2 Ziele des Moduls und Ausrichtung(en)

Zunächst werden im Rahmen dieses Moduls relevante Entwicklungstheorien und regionalökonomische Ansätze vorgestellt und diskutiert. Dabei erfolgen Rückgriffe auf verschiedene volkswirtschaftliche Bausteine aus Entwicklungs- und Außenwirtschaftstheorie, Industrieökonomik, sowie aus der „neuen geografischen Ökonomie" und diversen Standorttheorien, inklusive der Clustertheorien. Im Vordergrund steht weniger die vertiefte Vermittlung des analytischen Instrumentariums oder gar die Theoriebildung, sondern vielmehr die Ableitung von zentralen Erkenntnissen für die praktische Arbeit als Wirtschaftsförderer und damit im Idealfall als Akteur einer rationalen und erfolgsorientierten Standortentwicklung. Folglich ist die Herstellung von Bezügen zur Praxis unverzichtbar und erfolgt deshalb durchgängig.

Ziel ist es, ein Verständnis dafür zu wecken oder zu festigen, warum sich Regionen unterschiedlich entwickeln, sich in der Folge ökonomische Disparitäten ausbilden, wie Agglomerationen wirtschaftlicher Aktivität entstehen und welche wirtschaftlichen Determinanten die Wettbewerbsfähigkeit bestimmen. Dies bildet die Basis für die Fragestellungen, ob und wie sich Regionen im Standortwettbewerb strategisch positionieren können, ob und wie vor Ort Strategien und Maßnahmen auf das spezifische Standortprofil ausgerichtet und in eine positive Entwicklung umgemünzt werden können. In diesem Zusammenhang soll auch die Analyse praktischer Beispiele einen gewissen Raum einnehmen.

Sowohl traditionelle als auch moderne Theorien rund um regionale Entwicklung und Standortwettbewerb erweisen sich als tragfähiges Fundament für die strategische Ausrichtung kommunaler und regionaler Wirtschaftsförderung. Es geht in dem vorliegenden Modul freilich ausdrücklich nicht um einen vollständigen ideengeschichtlichen Überblick über sämtliche regionalökonomische Theorien. Vielmehr wurden bewusst solche Ansätze selektiert, die bis heute einen erheblichen Einfluss auf die reale Regionalpolitik und damit die Wirtschaftsförderpraxis haben. Bewusst ausgenommen sind im Übrigen die evolutionstheoretischen und stark wissens- bzw. innovationsorientierten Ansätze, denen sich das Modul 6 (Brökel, Wissens- und Innovationsgeografie in der Wirtschaftsförderung) ausführlich und speziell widmet. Diese Ansätze sind für die moderne Ausgestaltung kommunaler Wirtschaftsförderung ebenso unerlässliche Basis und können als Ergänzung und Weiterführung gesehen werden.

1.3 Struktur und Navigationshinweise

Der Aufbau des Modulskriptes spiegelt den Versuch eines Spagats zwischen Kompaktheit und einer gewissen Vollständigkeit einerseits, zwischen Theorie, Politik und Praxis andererseits. Daher steht am Anfang eine thematische Einführung, in dem die Gebiete und Facetten der Regionalökonomik dargestellt werden.

Insgesamt ist der inhaltliche Teil dieses Skriptes in so genannte Bausteine untergliedert. Die Struktur eines jeden Bausteins ist identisch: Der Definition der Lernziele des jeweiligen Bausteins schließen sich die inhaltlichen Ausführungen zum Thema an, unterteilt in verschiedene Themenabschnitte. Am Ende erfolgt ein Resümee, in dem die wesentlichen Erkenntnisse zusammengeführt und gegebenenfalls reflektiert werden. Den Abschluss eines jeden Bausteins bilden Kontrollfragen, die den Leser beim Erarbeiten des Lernstoffs unterstützen und den Lernerfolg zu überprüfen helfen.

Zur Orientierung werden im einleitenden ersten Baustein wesentliche Definitionen rund um die zentralen Begrifflichkeiten Entwicklung und Regionalökonomik kompakt erläutert und eingeordnet. Weiterhin wird die Praxisrelevanz dieser Themen für die Wirtschaftspolitik anhand von direkten Bezügen zu Herausforderungen vor Ort aufgezeigt.

Baustein 2 betrachtet sehr praxisorientiert die Standortanalyse. In Modul 1 (Lahner und Neubert, Einführung in die Wirtschaftsförderung) dieser Fachbuchreihe waren bereits Standorttheorien beleuchtet worden, so dass in diesem Modul Umsetzung und Operationalisierbarkeit in der kommunalen und regionalen Wirtschaftsförderung im Vordergrund stehen. Hier werden gute praktische Beispiele berücksichtigt und zur eigenen Anschauung empfohlen.

Baustein 3 hat dagegen überwiegend theoretischen Charakter. Aus der Vielzahl von räumlichen Entwicklungstheorien werden gezielt drei herausgegriffen: Exportbasis-Theorie, Theorie der Langen Wellen und die Theorie der endogenen Regionalentwicklung.

Dies sind etablierte Erklärungsansätze, die gut verständlich sind und aus Sicht des Autors solide Erkenntnisse auch in Hinblick auf die praktische Wirtschaftsförderung bieten.

Kernthema der Regionalökonomik ist die Verteilung und Dynamik wirtschaftlicher Aktivität im Raum. Folglich werden die verantwortlichen Agglomerationseffekte im vierten Baustein ausführlich behandelt. Daran anschließend widmet sich ein ganzer Abschnitt der Clustertheorie von Porter. Dies geschieht aus zweierlei Gründen: Die Theorie hat in den letzten Jahren erstaunliche Wirkungen auf die Praxis gehabt, liefert aber zudem ein umfassendes Konzept zum besseren Verständnis von Wettbewerbsfähigkeit einer Region oder einer Stadt.

Die Fachkräftethematik spielt in der Wirtschaftsförderung eine immer größere Rolle. Standortattraktivität muss immer mehr aus dem Blickwinkel der (potenziellen) Fachkräfte gesehen werden. Den in diesem Sinne vielleicht einflussreichsten Ansatz lieferte in den 2000er-Jahren Richard Florida (Baustein 6). Ein sehr aktuelles Thema in der Regionalentwicklung ist das regionale Engagement von Unternehmen. In Baustein 7 werden die Grundlagen, Potenziale und Grenzen einer solchen Option ausgelotet.

Der Leser kann sich durchaus auch nach Interesse einzelne Bausteine vornehmen und die Inhalte erarbeiten. Eine strenge Orientierung an der gegebenen Abfolge ist nicht zwingend, dennoch erscheint es ratsam, sich gerade als Neuling in der Materie schrittweise vom Allgemeinen zum Speziellen vorzuarbeiten. Der Aufbau dieses Skriptes korrespondiert nicht zuletzt weitgehend mit der Struktur einer Lehrveranstaltung. Es bietet somit eine einfache Möglichkeit der Wiederholung und Vertiefung. Durch Übungsaufgaben soll das Erlernte gefestigt und eine Reflexion des Stoffes angeregt werden.

1.4 Literatur- und Materialienüberblick

Zur Vertiefung der theoretischen Grundlagen im Bereich Entwicklung und Regionalökonomik steht eine große Vielfalt an Literatur zur Verfügung. Da sind zum einen die Primärquellen derjenigen Wissenschaftler zu nennen, die theoriebildend gewirkt haben und auf die in der Regel im Text verwiesen wird. Zumeist dürften diese Primärquellen jedoch für den Praktiker weniger geeignet sein. Zum einen dann, wenn sehr analytisch bzw. modelltheoretisch argumentiert wird, entsprechende mathematische Vorkenntnisse können beim Nichtexperten nicht immer vorausgesetzt werden. Zum anderen, weil in einigen Fällen der konkrete Bezug zur Standortpolitik oder gar der Wirtschaftsförderung fehlt oder nur schwach ausgebildet ist, gelegentlich auch sehr spezielle Fälle betrachtet werden. Die entsprechenden Bezüge oder Erweiterungen und Anpassungen wurden nicht selten von nachfolgenden Wissenschaftlern oder Praktikern vorgenommen. Gerade diese wichtigen „Übersetzungen" werden, wo dies möglich und sinnvoll erscheint, durch den Autor dieses Werkes ergänzt.

Die folgenden Empfehlungen greifen folglich Werke auf, die sich nicht allein an die Wissenschaft richten, sondern bewusst für eine breitere Leserschaft konzipiert wurden. Sie erlauben im Vergleich zu diesem Skript eine vertiefte Auseinandersetzung, weitgehend gut verständlich und nachvollziehbar. Ein weiteres Kriterium ist der Bezug zu praktischen Fragestellungen der Regionalentwicklung und -politik.

Eckey („Regionalökonomie") bietet einen hervorragenden Einstieg in die Regionalökonomik (Eckey 2008). Eine exzellente und deutlich umfassendere Übersicht über (auch für die Wirtschaftsförderung interessante) Standorttheorien haben jüngst Farhauer und Kröll zusammengestellt (Farhauer und Kröll 2013). Ihnen gelingt eine differenzierte, aber zugleich verständliche Darstellung sämtlicher relevanter Theorien zur Standortwahl, stets mit einer vergleichsweise ausgeprägten Anwendungsorientierung.

Nicht fehlen darf der Hinweis auf Ludwig Schätzl, der gleich mehrere Standardlehrbücher zur Wirtschaftsgeografie verfasst hat (Schätzl 2003). Darüber hinaus ist gerade aus der Geografenzunft eine Vielzahl von Lehrkompendien hervorgegangen, die theoretische Grundlagen vermitteln und zumindest in Ansätzen Bezüge zur praktischen Regionalpolitik herstellen. Stellvertretend sei das Werk „Wirtschaftsgeografie: Ökonomische Beziehungen in räumlicher Perspektive" von Barthelt und Glückler empfohlen (Bathelt et al. 2012).

Das „Handbuch der Wirtschaftsförderung" von Dallmann und Richter ist dagegen ein klar praxisbezogenes Buch und deshalb komplementär zur genannten theoretischen Literatur zu sehen (Dallmann et al. 2012). Es enthält zwar stellenweise theoretische Bezüge, beschäftigt sich jedoch vor allem mit der konkreten kommunalen oder regionalen Umsetzungsebene. Dieses Buch ist explizit an den Wirtschaftsförderpraktiker gerichtet, betont aber zurecht den Stellenwert einer theoretischen Fundierung wirtschaftsförderlichen Handelns vor Ort.

Nicht zuletzt sind die im Weiteren genannten oder zitierten Internetlinks zu beachten, die häufig dann wertvoll sind, wenn es um aktuelle Informationen, z. B. Statistiken geht. Und generell führen die Literaturangaben den interessierten Leser zu einer Auswahl vertiefender Literatur, darunter mit Bezug auch zu besonderen Aspekten, die im Rahmen dieses Bandes nur angeschnitten werden konnten oder ganz außen vor bleiben mussten.

Literatur

Eckey, H.-F. (2008). *Regionalökonomie*. Gabler: Wiesbaden.
Farhauer, O., & Kröll, A. (2013). *Standorttheorien – Regional- und Stadtökonomik in Theorie und Praxis*. Wiesbaden: Springer Gabler.
Schätzl, L. (2003). *Wirtschaftsgeografie 1 – Theorie* (9. Aufl.). Paderborn/München/Wien: Schöningh.
Bathelt, H., & Glückler, J. (2012). *Wirtschaftsgeografie. Ökonomische Beziehungen in räumlicher Perspektive* (3. vollständig überarbeitetet Aufl.). Stuttgart: UTB.
Dallmann, B., & Richter, M. (2012). *Handbuch der Wirtschaftsförderung*. Freiburg/Berlin/München: Haufe-Gruppe.

Modul Regionalökonomik und Entwicklung

Zusammenfassung

Die Theorie der Regionalökonomik gewinnt zunehmend an Bedeutung, die Frage nach den Gründen für die unterschiedliche ökonomische Entwicklung von Regionen steht ohnehin im Zentrum des öffentlichen Interesses. Abgeleitet davon stellt sich dann die Frage, ob und wie Wirtschaftspolitik eine positive Entwicklung auslösen oder zumindest befördern kann. Auf kommunaler und regionaler Ebene sind damit auch die kommunalen und regionalen Wirtschaftsfördereinrichtungen adressiert.

Nach einer begrifflichen Annährung und Einordnung geht es im Weiteren vor allem darum, wichtige Theorien kennenzulernen, die ein strukturiertes und strategisches Vorgehen erlauben. Diese Theorien können in diesem Rahmen nicht immer vollständig und erschöpfend behandelt werden. Ziel ist es, ein Grundverständnis zu vermitteln. Vor allem sollen die Bedeutung sowie die Nützlichkeit für die praktische Wirtschaftsförderung deutlich werden. Daher werden wichtige Erkenntnisse und Erfahrungen in der Umsetzung diskutiert und konkrete Anwendungsmöglichkeiten skizziert. Im Mittelpunkt steht der Erkenntnisgewinn für die Praxis, nicht die Theoriebildung.

2.1 Baustein 1: Begriff und Bedeutungsgewinn der Regionalökonomik

Lernziele

In diesem einführenden Baustein finden sich erste Erläuterungen dazu, was mit Regionalökonomik gemeint ist. Der Leser erhält so eine erste Orientierung über die verschiedenen Theorien und Politiken, die der Regionalökonomik zuzurechnen

---

Die Originalversion von Kapitel 2 wurde revidiert: Fehlerhafte Literaturverweise wurden korrigiert. Darüberhinaus wurde Abb. 2.11 durch eine aktuelle Version ersetzt. Das Erratum für dieses Kapitel steht zur Verfügung unter DOI 10.1007/978-3-658-13936-0_4

> sind. Bezüge zu anderen Theoriefeldern sollen deutlich werden, ebenso notwendige Abgrenzungen. Weiterhin bietet sich die Möglichkeit, die wesentlichen Faktoren kennenzulernen, die in den letzten Jahren zu einem Bedeutungsgewinn der Regionalökonomik geführt haben.

2.1.1 Entwicklungstheorien und Regionalökonomik: Begriffliche Erläuterungen und Abgrenzungen

Seit jeher beschäftigen sich Politiker, Praktiker und Forscher mit Fragen der ökonomischen Entwicklung. Warum entwickelt sich die eine Region besser als die anderen? Weshalb ist das Pro-Kopf-Einkommen in bestimmten Ländern so viel höher als in anderen? Welche Maßnahmen können getroffen werden, um wirtschaftliche Entwicklung anzureizen? Welche Eingriffsmöglichkeiten und Stellschrauben liegen überhaupt in der Hand regionaler oder kommunaler Akteure, welche sind auf höheren Ebenen zu verorten oder entziehen sich generell der gezielten Einflussnahme?

Dies sind nur einige der wichtigen Fragestellungen, mit denen sich Akteure aus dem Bereich der Wirtschaftsförderung in vielfältiger Weise und mit unterschiedlichem disziplinärem Hintergrund nähern. Innerhalb der ökonomischen Zunft, zumindest was die dominante neoklassische Modellwelt anging, war lange eine angesichts der offensichtlichen praktischen Relevanz erstaunliche „Raumblindheit" zu konstatieren. Einer der Begründer der Regionalökonomik, Walter Isard, sprach seinerzeit mit Blick auf die Volkswirtschaftslehre spöttisch von einem „wonderland of no spatial dimensions" (Isard 1956, S. 25) und sah sich selbst nicht zu Unrecht als Außenseiter seiner Zunft (Isard 1956). Dies hatte verschiedene Gründe (u. a. der Nobelpreisträger Krugman beschäftigt sich in jüngerer Vergangenheit mit dieser Frage ausführlich), die an dieser Stelle nicht ausgeführt werden können. Klar zu stellen ist jedoch, dass es abseits des neoklassischen Mainstreams stets Ökonomen gab, die raumbezogenen Fragen nachgingen, im Übrigen aber insbesondere die Geografie sich dieser Fragen annahm.

Per se raumbezogen ist im ökonomischen Kontext die Entwicklungsökonomik. Diese versucht Unterschiede der wirtschaftlichen Entwicklung zwischen den Ländern zu erklären, in der Regel mit Fokus auf die so genannten Entwicklungsländer. So werden die unterschiedlichen Rahmenbedingungen beleuchtet, auch (ungenügendes) Regierungshandeln (etwa, wenn es um die *„Failed States"* geht) und sozioökonomische Faktoren. Dabei sind die Betrachtungen von internen Ursachen für Unterentwicklung z. T. durchaus auch für kleinräumige Analysen übertragbar (z. B. Politikversagen, Bildungsstand, Religion etc.). Dies gilt allerdings weniger für Erkenntnisse über externe Ursachen von Unterentwicklung wie Handelspolitik, ungleicher Tausch usw. Diese Faktoren sind für die kommunale und regionale Entwicklung im Kontext der Wirkungen und Chancen durch die Globalisierung durchaus interessant. Als Erklärungsansatz für die unterschiedliche Entwicklung etwa unmittelbar benachbarter Gemeinden sind sie dagegen nur begrenzt geeignet.

In Abgrenzung zur Entwicklungsökonomie betrachtet die Regionalökonomik die (ungleiche) Verteilung wirtschaftlicher Aktivität auch unter grundsätzlich einheitlichen

2.1 Baustein 1: Begriff und Bedeutungsgewinn der Regionalökonomik

Rahmenbedingungen (Bundes- und Landespolitik, europäischer Rahmen, einheitliche Förderpolitik, Bildungsstandards usw.). Sie hat folglich für die Wirtschaftsförderung, vor allem, wenn sie im kommunalen und regionalen Kontext betrachtet wird, per se eine höhere Relevanz. Gleichwohl haben zahlreiche theoretische Ansätze sowohl Eingang in die Entwicklungs- als auch die Regionalökonomik gefunden.

Die heutige Regionalökonomie hat ihre Wurzeln im 19. Jahrhundert. Nachdem in Deutschland Johann Heinrich von Thünen als Pionier sowie später sehr fundiert Alfred Weber („Über den Standort der Industrien", 1909) die Standorttheorie begründeten, gingen vor allem von Walter Christaller („Theorie der zentralen Orte") grundlegende Beiträge aus, die bis heute Regionalplanung und -entwicklung beeinflussen (Christaller 1933, 1980). Besagter Walter Isard begann nach dem 2. Weltkrieg damit, die „raumlose" allgemeine Wirtschaftstheorie auf regionalökonomische Fragestellungen zu beziehen (Isard 1956). Sein Verdienst ist dabei in zweifacher Hinsicht hervorzuheben. Einerseits schloss er die ökonomische Modellwelt der 1950er- und 1960er-Jahre für räumliche Fragestellungen auf, andererseits schuf er auf diese Weise formale Fundamente für eine neue Raumwirtschaftslehre, die später in Deutschland durch Schätzl und andere zu einem umfassenden Ansatz der Wirtschaftsgeografie weiterentwickelt wurde (u. a. Schätzl 2003). Der ebenfalls schon erwähnte Paul Krugman aus makroökonomischer sowie der noch später zu erwähnende Michael Porter aus betriebswirtschaftlicher Perspektive haben in jüngerer Vergangenheit – durchaus stark publikumsorientierte – Akzente gesetzt und entscheidende Elemente hinzugefügt (siehe Baustein 5, Abschn. 2.5).

In den weiteren Ausführungen soll in starker Anlehnung an Eckey der heutige Stand der Regionalökonomik skizziert werden (Eckey 2008). Seiner Definition nach ist Regionalökonomik als wissenschaftliche Beschäftigung mit der Verteilung menschlicher (ökonomischer) Aktivitäten im Raum zu verstehen. Besonders zweckmäßig erscheint die Unterscheidung von Theorie (Beschreibung und Erklärung) sowie Politik (Bewertung und Beeinflussung), wie in Abb. 2.1 dargestellt.

Wichtig bleibt anzumerken, dass Eckey die Begriffspaare

- Regionalökonomie und Raumwirtschaftslehre
- Theorie der Regionalökonomie und Raumwirtschaftstheorie
- Politik der Regionalökonomie, regionale Wirtschaftspolitik, regionale Strukturpolitik und Raumwirtschaftspolitik

Abb. 2.1 Übersicht über die Facetten der Regionalökonomie. Eigene Darstellung nach Eckey, H.-F. (2008), S. 12

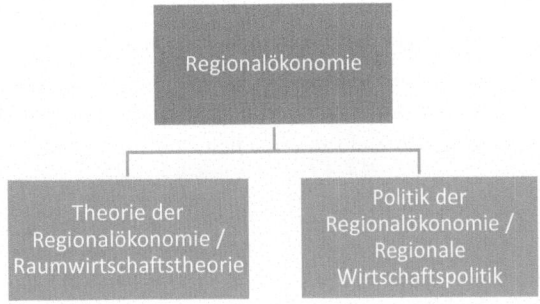

jeweils synonym verwendet. Einer solchen begrifflichen Ordnung wird sich im Rahmen dieses bewusst praxisorientierten Werkes angeschlossen.

Eckey zielt stets auf Schnittmengen zwischen Ökonomie und den Raumwissenschaften und -politiken ab. Jene Schnittmenge zwischen Raumordnung und VWL ist dann eben die Regionalökonomie (vgl. Abb. 2.2). Hier allerdings pflegt Eckey ein eher enges Verständnis. So sieht er die Regionalökonomie „schwerpunktmäßig" auf wirtschaftliche Entwicklungen von Gebieten beschränkt. Die Raumordnung als umfassenderer Ansatz beinhaltet dann auch Themen der Daseinsfürsorge und der Lebensqualität. Dass dies in Zeiten der Fachkräfteknappheit und des Kampfes um Talente Aspekte sind, die für die Wirtschaftsförderung von größter Bedeutung sind, versteht sich von selbst.

Ein grundsätzlicher Aspekt der Raumordnung ist für standorttheoretische und -politische Fragestellungen von höchster Bedeutung, nämlich das Verhältnis zwischen Regionen. Zwei Regionen können nach Eckey

- kooperieren oder in Wettbewerb miteinander stehen,
- gleichberechtigt oder hierarchisch miteinander verbunden sein,
- in engem Austausch miteinander stehen oder sich voneinander abschotten,
- sich in ihrer Entwicklung gegenseitig begünstigen oder bremsen,
- auf ähnlichem Entwicklungsstand stehen oder ein Gefälle zueinander aufweisen,
- die gleichen oder unterschiedliche Entwicklungsziele anstreben,
- ähnliche oder divergierende Entwicklungsinstrumente einsetzen.

Der Praktiker der Wirtschaftsförderung wird unschwer erkennen, dass dies zentrale Rahmenbedingungen seines Handelns sind und es folglich keinen Sinn macht, diese wichtigen Aspekte außen vor zu lassen. Im Gegenteil: Erst auf Basis der gegebenen Raumordnung lassen sich geeignete Standortstrategien ableiten. So gesehen beziehen sich die weiteren Ausführungen in diesem Modul keineswegs nur auf die Regionalökonomik im engeren Eckeyschen Sinne, sondern schließen Raumordnung und Raumordnungspolitik notwendigerweise mit ein. Analog ergänzt die Raumordnungspolitik die reine Raumwirtschaftspolitik. In diesem Falle allerdings ist die Regionalpolitik der (zumindest in der Praxis) gängigere und synonym zu verwendende Begriff.

Die positive Theorie versucht generell die Welt zu erklären wie sie ist, d. h. im Falle der reinen Raumwirtschaftstheorie geht es um die Beschreibung räumlicher Strukturen und Prozesse (Standorttheorien), aber auch um Gründe für ihre Veränderungen (Regionale Wachstumstheorien). Dagegen orientiert sich die (Regional-)Politik an normativen Vorstellungen (wie etwas sein soll). Rationale (Regional-)Politik wird dazu Ziele formulieren, die sich an entsprechenden Leitbildern orientieren. Auf dieser Grundlage können dann geeignete Maßnahmen getroffen werden, etwa auf Ebene der Wirtschaftsförderung, um entsprechende Ziele zu erreichen.

2.1 Baustein 1: Begriff und Bedeutungsgewinn der Regionalökonomik

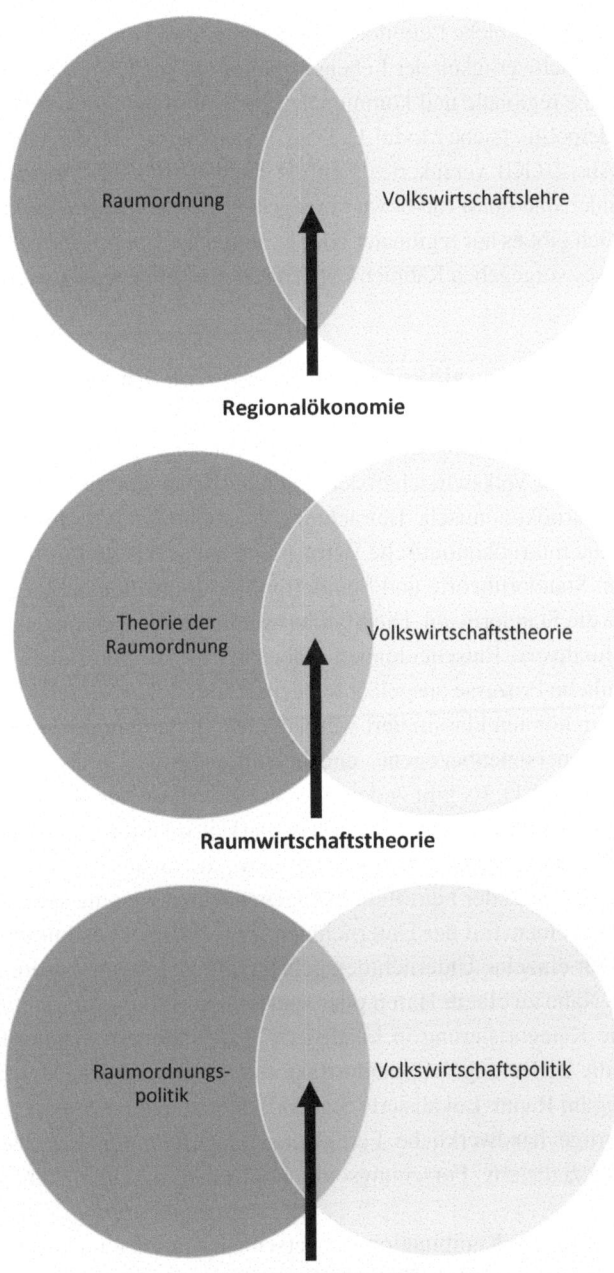

Abb. 2.2 Facetten der Regionalökonomie. Eigene Darstellung nach Eckey, H.-F. (2008, S. 12)

In Deutschland gibt es solche Leitbilder sehr deutlich auf Ebene der EU, des Bundes und der Länder. Die „Gleichwertigkeit der Lebensverhältnisse" ist ein solches Leitbild, welches letztlich auch auf die regionale und kommunale Ebene abstrahlt, etwa in Gestalt einer entsprechenden Förderpolitik (siehe Modul 1). Dass es sich hierbei sogar ein um ein im Grundgesetz (Art. 72 Abs. 2 GG) verankertes Leitbild handelt ist keine Ausnahme. Viele der relevanten Leitbilder sind quasi top-down vorgegeben, z. B. in den Raumordnungsgesetzen und -plänen, freilich gibt es auf regionaler oder kommunaler Ebene sehr wohl die Möglichkeit innerhalb dieses vorgegeben Rahmens, spezifische Leitbilder zu entwickeln.

2.1.2 Felder der Regionalökonomik im engeren Sinne

Regionalökonomik kann wie angedeutet auf unterschiedlicher Ebene betrachtet werden. Analog zur allgemeinen Volkswirtschaftslehre können dabei eine eher mikroökonomische sowie eine eher makroökonomische Betrachtung unterschieden werden.

Zunächst soll die mikroökonomische Betrachtung näher erläutert werden. Hier geht es in erster Linie um Standorttheorie und Standortpolitik. Im Mittelpunkt stehen die Standortfaktoren sowie die Standortwahl. Die Standortwahl eines Unternehmens ist aber wiederum maßgeblich für diverse Entscheidungen anderer Wirtschaftssubjekte, so dass hierdurch dynamische räumliche Prozesse ausgelöst werden.

Standortfaktoren können klassifiziert werden, etwa in harte und weiche, oder auch in unternehmens- und personenbezogene, und beeinflussen die Unternehmen sehr unterschiedlich (siehe Modul 1). Es gibt zudem u. a. die Kategorie der allgemeinen Standortfaktoren wie Steuern und Abgaben, die Verfügbarkeit qualifizierter Arbeitskräfte, die Verkehrsanbindung, die Lebensqualität vor Ort usw., die mehr oder weniger alle Unternehmen interessieren und/oder betreffen. Demgegenüber stehen die speziellen Standortfaktoren, die nur für einen Teil der Unternehmen, zum Beispiel bestimmte Branchen, im Extrem lediglich für einzelne Unternehmen gelten (z. B. Zugang zu bestimmten Rohstoffen, unmittelbare Nähe zu einem Hafen oder spezielle Forschungseinrichtungen etc.).

Ähnlich ist die Kategorisierung in lokalisierte und ubiquitäre Standortfaktoren. Hier geht es nicht um die Bedeutung der Standortfaktoren für verschiedene Unternehmen, sondern die Verteilung im Raum. Lokalisierte Standortfaktoren treten nur an bestimmten Orten auf (z. B. einzigartige handwerkliche Fertigkeiten in bestimmten Regionen, ein Hochseehafen, hoch spezialisierte Forschungseinrichtungen usw.), ubiquitäre sind dagegen überall vorhanden.[1]

In jedem Falle führt die Kombination der verschiedenen Faktorenausprägungen zu einer spezifischen Standortqualität, die jede Kommune oder Region in gewisser Weise

---

[1] Wobei es sicher auch hier Sinn macht, sich ein Kontinuum zwischen den zwei Polen vorzustellen. Eine Einschätzung, ob ein Standortfaktor vollkommen lokalisiert ist (so nur an einem Ort), erscheint durchaus möglich, die meisten Standortfaktoren dürften aber zwischen den Extremen zu verorten sein und müssten eigentlich als eher lokalisiert bzw. eher ubiquitär charakterisiert werden.

2.1 Baustein 1: Begriff und Bedeutungsgewinn der Regionalökonomik

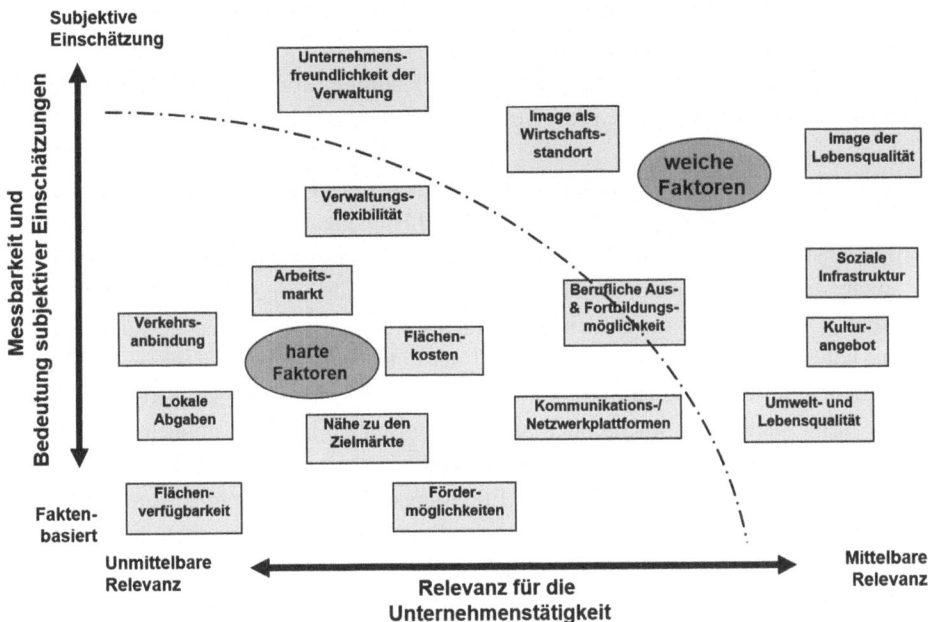

Abb. 2.3 Kontinuum weicher und harter Standortfaktoren nach Grabow et al., eigene Darstellung

einzigartig macht. Es ist bereits in Band 1 dieser Reihe darauf hingewiesen worden, dass das Kontinuum von Grabow et al., dargestellt in Abb. 2.3, eine gute Orientierung zur Einordnung verschiedener Standortfaktoren bietet (Grabow et al. 1995).

Eine **makroökonomische Betrachtung** blickt nicht auf den einzelnen Standort, sondern analysiert mittels entsprechender Regional- bzw. Raumwirtschaftsmodelle die Gesamtheit wirtschaftlicher Aktivitäten in verschiedenen Räumen und Raumsystemen. Hier geht es dann um die Betrachtung der ökonomischen Disparitäten zwischen verschiedenen Regionen, oder um die Frage, welche wirtschaftlichen (Austausch-)Beziehungen zwischen den einzelnen Räumen nicht nur regional, sondern auch national, auf EU-Ebene oder weltweit eine Rolle spielen.

Makroökonomische Betrachtungen versuchen das Wachstum einzelner Regionen zu erklären. Gegenstand der Untersuchung sind dabei gesamtwirtschaftliche Aggregate, also nicht das Verhalten einzelner Unternehmen oder Haushalte, sondern die Betrachtung des Unternehmenssektors oder der Haushalte als Gesamtheiten.

Im Grunde geht es im Sinne Isards um die Übertragung makroökonomischer Konjunktur-, Wachstums- und Verteilungstheorien auf die regionale Ebene. Dadurch werden die Beziehungen zu den Nachbarregionen besonders bedeutsam. Letztlich lassen sich hier schon die Notwendigkeiten zur interkommunalen Zusammenarbeit und das konstruktiv abgestimmte Zusammenspiel von Wirtschaftsförderinstitutionen der unterschiedlichen Ebenen deutlich erahnen.

2.1.3 Ursachen für den Bedeutungsgewinn der Regionalökonomik

Wiederum in Anlehnung an Eckey sind folgende Faktoren für den Bedeutungsgewinn der Regionalökonomik in der Gegenwart wesentlich (Eckey 2008):

- Innovation und Wissen sind heute der entscheidende Parameter im interregionalen Wettbewerb um ansiedlungswilliges Sach- und Humankapital. Im Gegensatz zum Produktionsfaktor Boden, der heute ohnehin eine insgesamt eher untergeordnete Rolle spielt, sind Investitionskapital, aber auch Menschen als Träger von Wissen z. T. hoch mobil. Dies verstärkt die Entwicklungsunterschiede zwischen Dienstleistungszentren mit hoher Wohn- und Lebensqualität auf der einen und vielen peripheren ländlichen Regionen auf der anderen Seite. Gerade die wertschöpfungsstarken Wirtschaftsbereiche, insbesondere die wachsenden unternehmensnahen Dienstleistungen als Motoren der Wissensgesellschaft, verstärken die Agglomerationstendenzen. Regional- und Standortpolitik suchen deshalb nach Erklärungsmustern und tragfähigen Strategien, um Aufholprozesse zu initiieren oder generell im Standortwettbewerb zu bestehen, zumindest nicht noch mehr zurückzufallen.
- Nicht „der ländliche Raum", aber bestimmte ländliche Regionen sind als „problembeladener Raumtyp" zu bezeichnen. Zwar ist der ländliche Raum hoch divers, gibt es auch dort sehr prosperierende Regionen, jedoch stehen gerade viele „periphere ländliche Gebiete" vor enormen Herausforderungen.
- Probleme bereiten aufgrund ganz anderer Ursachen ebenso die alten Industrieregionen. In Deutschland gilt dies nach wie vor für das Ruhrgebiet oder das Saarland, trotz zum Teil (im internationalen Vergleich) beachtlicher Erfolge bei der Gestaltung des Strukturwandels. So weisen große Teile des Ruhrgebiets weiterhin eine Arbeitslosenquote auf, die weit über dem Durchschnitt liegt.
- Verschärfend wirkt sich in den Altindustriestandorten – wie auch in den angesprochenen „peripheren ländlichen Gebieten" – ein in diesen Räumen besonders ausgeprägter demografischer Wandel aus (v. a. durch die Abwanderung von jungen und gut ausgebildeten Menschen!).
- Durch die deutsche Wiedervereinigung hat sich das wirtschaftliche Gefälle im Raum deutlich verstärkt. Neben Verwerfungen als Folge der Umstellung von Plan- auf Marktwirtschaft treten Regionalprobleme extrem dünn besiedelter ländlicher Räume auf.
- Diese zunehmenden regionalen Probleme verstärken sich durch die (Ost-)Erweiterung der EU, vor allem durch den Beitritt von Bulgarien und Rumänien. Beigetreten sind Wirtschaftsräume, deren Wirtschaftskraft weit unter dem EU-Durchschnitt liegt.
- Die Angleichung der Wirtschaftskraft zwischen den der EU angehörenden Regionen ist nach Eckey nicht nur moralisch geboten (Ausgleichsziel), sondern auch im begründeten ökonomischen Interesse, um Produktivitätsreserven zu erschließen (Wachstumsziel) und Wanderungsprozesse, die zu einer weiteren Entleerung von armen und einer weiteren Überlastung von reichen Regionen führen würde, zu verhindern (Stabilitätsziel).

- Eine wesentliche Bedeutung hat in diesem Zusammenhang die Regionalpolitik der EU. Zum Ausgleich der Disparitäten auf gesamteuropäischer Ebene werden erhebliche Mittel eingesetzt, um regionalen Strukturpolitik zu betreiben. In der Umsetzung ist das Leitbild eines „Europas der Regionen" auch insoweit spürbar, als dass die Verteilung der EU-(Kofinanzierungs-)Mittel sich nicht an den einzelnen Nationalstaaten orientiert, sondern an bestimmten Gebietszuschnitten (so genannte NUTS 2), die in der Regel deutlich kleinteiliger sind.

Der EU-Regionalpolitik liegt das Prinzip der Subsidiarität zu Grunde, also das Bestreben öffentliche Aufgaben möglichst bürgernah auf der untersten Ebene wahrgenommen werden. In Artikel 5 des EU-Vertrages heißt es unter Punkt 3:

EU-Vertrag
„Nach dem Subsidiaritätsprinzip wird die Union in den Bereichen, die nicht in ihre ausschließliche Zuständigkeit fallen, nur tätig, sofern und soweit die Ziele der in Betracht gezogenen Maßnahmen von den Mitgliedstaaten weder auf zentraler noch auf regionaler oder lokaler Ebene ausreichend verwirklicht werden können, sondern vielmehr wegen ihres Umfangs oder ihrer Wirkungen auf Unionsebene besser zu verwirklichen sind."

Aus regionaler und kommunaler Wirtschaftsfördersicht sind die Tendenzen in Richtung Regionalisierung voll zu begrüßen. Stärken diese doch grundsätzlich die Gestaltungsmöglichkeiten, zumindest den Gestaltungsanspruch vor Ort.

Klar ist aber auch, dass im politischen Prozess stets aufs Neue geprüft und ausverhandelt werden muss, ob und in welcher Form sich das Subsidiaritätsprinzip in kommunale Wirtschaftsförderaktivitäten äußern kann und darf. Nicht zuletzt ist dies auch eine Frage der Ressourcen. Hinzu kommt aber die Frage, inwiefern kommunale Wirtschaftsförderung einen nachhaltigen Beitrag zur ökonomischen Entwicklung leisten kann. Vor dem Hintergrund der stetig wachsenden Bedeutung der europäischen Strukturpolitik scheint der Rahmen durch die Europa-2020-Strategie mit dem Ziel eines ökologisch nachhaltigen, integrativen und innovativen Europas vorgegeben, zugleich sind die spezifischen Herausforderungen und Potenziale vor Ort unbedingt zu beachten. Insofern ist ein Verständnis der wesentlichen theoretischen Grundlagen der Regionalökonomik unabdingbare Voraussetzung, um Strukturwandel vor Ort gestalten und Innovationen anregen zu können.

Resümee
Die Regionalökonomik erlebt aus verschiedenen Gründen eine Renaissance in der öffentlichen Wahrnehmung. Sie ist nach Eckey die wissenschaftliche Beschäftigung mit der Verteilung menschlicher (ökonomischer) Aktivitäten im Raum. Dabei geht es um die Herausforderung zu beschreiben, wie diese Aktivitäten aussehen, wie sie beschaffen sind bzw. welche Merkmale sie aufweisen. In einem zweiten Teil der theoretischen Auseinandersetzung steht der Versuch im Vordergrund, diese Phänomene auch zu erklären.

Wenn mancher Wirtschaftsförderer sich als reiner Praktiker versteht, der umsetzt und versucht, durch seine Arbeit vor Ort ökonomische Aktivitäten positiv zu beeinflussen, dann sieht er sich zu Recht in der Regionalpolitik, genauer Raumwirtschaftspolitik verankert. Allerdings scheint es vor dem Hintergrund der vorangegangen und weiteren Ausführungen mehr als geboten, dazu auch wesentliche Erklärungsansätze zu kennen.

> **Kontroll- und Lernfragen**
>
> a. Erläutern Sie den Begriff der Regionalökonomik und differenzieren Sie nach Theorie und Politik.
> b. Welche zusätzliche Kategorisierung von Standortfaktoren haben Sie kennengelernt? Erläutern Sie diese.
> c. Nennen Sie wichtige Ursachen für den Bedeutungsgewinn der Regionalökonomik.
> d. Diskutieren bzw. reflektieren Sie die genannten Ursachen und deren spezifische Relevanz am Beispiel eines konkreten Standortes Ihrer Wahl.

2.2 Baustein 2: Standortanalyse in der Praxis

> **Lernziele**
>
> Der Baustein knüpft unmittelbar an die Inhalte des ersten Bandes der Reihe („Einführung in die Wirtschaftsförderung") an. Die weiteren Unterkapitel dieses Bausteins setzen diese Kenntnisse voraus und konzentrieren sich deshalb auf die Operationalisierung von Standorttheorie und Standortfaktoren in Hinblick auf die spezifische Situation vor Ort.
>
> Für eine zielgerichtete und rationale Wirtschaftsförderung ist der Istzustand von großer Bedeutung, der im Rahmen einer Standortanalyse auf Basis von verschiedensten Daten ermittelt werden kann. Der Leser lernt die verschiedenen Facetten kennen, die zu einem Standortprofil verdichtet werden können. Auch das Instrument der Befragung wird vorgestellt. Kammern und Wirtschaftsfördereinrichtungen versuchen so, sich ein Bild über die Standortqualität und -attraktivität zu machen. Entsprechend werden Beispiele gezeigt und Möglichkeiten und Grenzen dieses Instrumentes diskutiert. Ebenfalls soll der Leser Benchmarkansätze kennenlernen, die – zumindest in Grenzen – einen interregionalen Standortvergleich ermöglichen.

2.2.1 Standortanalyse und Standortprofil

In Band 1 der Reihe wurden bereits ausführlich Theorien des Standortes und der Standortentscheidungen dargestellt. Außerdem wurden praktische Themen wie Ansiedlungs- und

2.2 Baustein 2: Standortanalyse in der Praxis

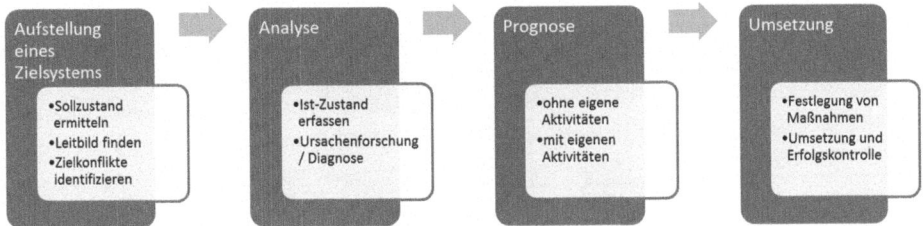

Abb. 2.4 Wirtschaftsförderung als rationale Wirtschaftspolitik. Eigene Darstellung in Anlehnung an Dallmann und Richter (2012), S. 151

Leitbildprozesse diskutiert (vgl. Lahner und Neubert 2016). Dies wird insofern noch einmal aufgegriffen, als dass im Folgenden der Weg zur Standortanalyse skizziert wird, um im Anschluss mit eigenen Befragungen und Benchmarking zwei Optionen zur Standortbewertung bzw. zum Standortmonitoring vorzustellen.

Dallmann und Richter postulieren zurecht ein Vorgehen in der Wirtschaftsförderung, welches die Kriterien einer „rationalen" Wirtschaftspolitik erfüllt (siehe Abb. 2.4) Dallmann und Richter 2012. Es geht dabei um ein zielgerichtetes Handeln, welches die Maßnahmen dann entsprechend orientiert an einem Sollzustand fundiert wählt und ausgestaltet.

Im ersten Schritt wird mit Blick auf einen gewünschten Sollzustand ein Zielsystem entwickelt. Die Aufstellung des Zielsystems ist in der Praxis häufig vorgegeben bzw. eine übergeordnete politische Vorgabe, an deren Zustandekommen Wirtschaftsförderung allerdings idealerweise beteiligt sein sollte. Die Erstellung eines Leitbildes ist kaum ohne die Expertise der Wirtschaftsförderpraxis denkbar. Dabei müssen mögliche Zielkonflikte mit anderen Politikfeldern oder Ansprüchen berücksichtigt und frühzeitig offen diskutiert werden. Dies geschieht dann unbedingt im Sinne der Wirtschaftsförderungseinrichtungen selbst, denn verbindlich vereinbarte Zielvorstellungen sollten schließlich auch realistisch sein.

Die folgende Standortanalyse ist dagegen ureigene Aufgabe der Fachleute im operativen Geschäft. Wenngleich in Einzelfällen auch externe (Beratungsunternehmen) hierzu Vor- und Zuarbeit leisten, die Wirtschaftsförderung muss den Standort stets selbst hinterfragen und neu analysieren! An dieser Stelle wird deutlich, dass das in der Abb. 2.4 dargestellte Schema tatsächlich weniger streng sequenziell erfolgt, als hier auf den ersten Blick vermutet werden könnte. Selbstverständlich basiert die Soll-Analyse bereits auf vorhandenen Informationen zum Istzustand. Zudem endet das Ganze nicht mit der Umsetzung. Vielmehr befinden sich sämtliche fünf Schritte im Idealfall in einem fortwährenden, kontinuierlichen Prozess der Überprüfung und gegebenenfalls Anpassung.

Für die Standortanalyse gibt es verschiedene Indikatoren bzw. Kennzahlen, aber auch viele Bereiche, die qualitativ erfasst oder in anderer Weise „gebenchmarkt", also über bestimmte Maßstäbe verglichen werden können.

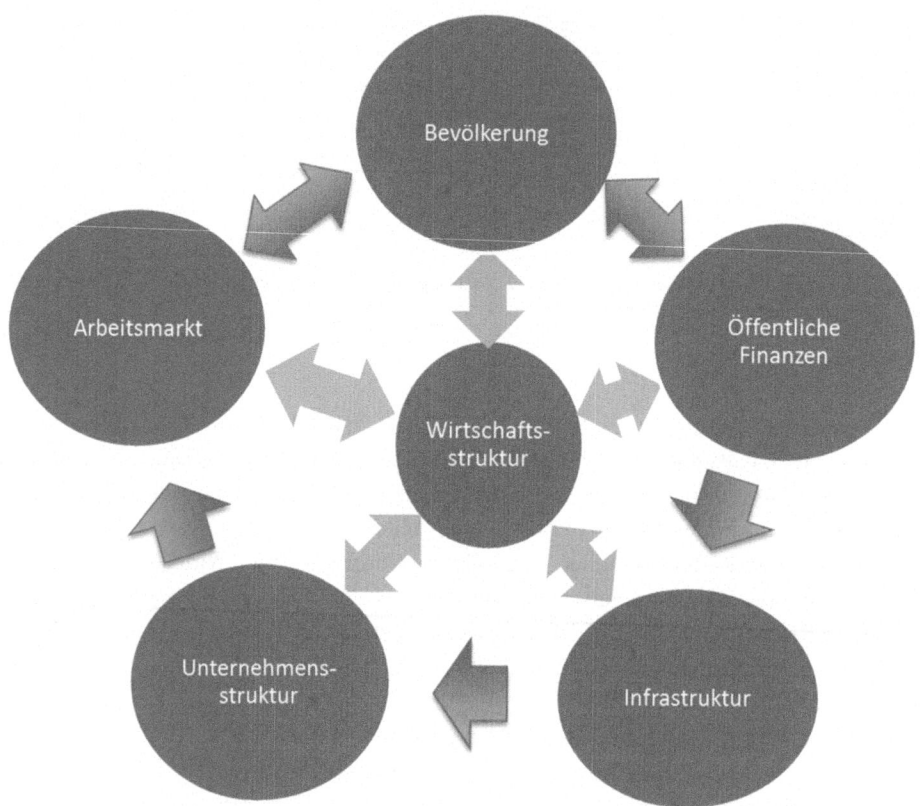

Abb. 2.5 Facetten der Standortanalyse

In Anlehnung an Dallmann/Richter werden in der Folge verschiedene Facetten beleuchtet, die für die Standortanalyse des Istzustandes besonders relevant sind (vgl. Dallmann und Richter 2012, S. 154 ff.). Es sind vielfach genau jene Faktoren, die eine Region oder Kommune aus Wirtschaftsfördersicht charakterisieren. Dazu gehören die Wirtschaftsstruktur vor Ort, die Infrastruktur, die Unternehmensstruktur, der Arbeitsmarkt, die öffentlichen Finanzen, die Demografie (Bevölkerung) sowie der Arbeitsmarkt (siehe Abb. 2.5). Nicht immer ist diese Einteilung trennscharf, in jedem Fall sind die erheblichen Interdependenzen zu beachten.

Das vielleicht grundlegendste Merkmal eines Standortes ist die Wirtschaftsstruktur. Selbstverständlich unterscheiden sich das Tätigkeitsfeld, die Herausforderungen und politischen Optionen erheblich danach, ob der Standort vergleichsweise industriell, durch Dienstleistungen oder gar agrarisch geprägt ist. Vor allem, wenn die aus einfachen Lehrbüchern bekannte Dreisektorenbetrachtung verlassen wird und ein genauerer Blick erfolgt. Denn natürlich können zwei ähnlich stark industriell geprägte Regionen erhebliche Unterschiede bereits in diesem Sektor aufweisen. In der einen hat man es vielleicht mit schrumpfenden Altindustrien zu tun, in der anderen eventuell mit High-Tech-Industrien in Zukunftsbranchen. Somit reichen einfache Statistiken an dieser Stelle oft nicht aus.

2.2 Baustein 2: Standortanalyse in der Praxis

Wichtige **Aspekte im Bereich Wirtschaftsstruktur**:

- Welche Sektoren und Branchen dominieren?
- Welche (besondere) Dynamik hat der Strukturwandel vor Ort?
- Gibt es besondere Branchenschwerpunkte: Touristische Destination? Logistisches Drehkreuz? Zentrum der Biotechnologie?
- Wie stark ist die Wirtschaft intraregional regional verflochten, welche Netzwerke bestehen?
- Wie stark sind Wertschöpfungsketten überregional, z. B. mit Nachbarkommunen verflochten, wie sehr international?

Wichtige **Indikatoren im Bereich Wirtschaftsstruktur** sind:

- Bedeutung (gemessen an Wertschöpfungs- oder Beschäftigungsanteilen) von Branchen wie
  - Land- und Forstwirtschaft (evtl. Fischerei)
  - Verarbeitendem Gewerbe
  - Baugewerbe
  - Handel, Gastronomie usw.
- Bedeutung der 3 Sektoren (primär, sekundär, tertiär) oder besser differenziert nach modernen Sektorkategorien (inklusive unternehmensnahen bzw. wissensintensiven Dienstleistungen)
- Im Falle touristischer Bedeutung: Gästeübernachtungen, Besucherverhalten, Multiplikatoreffekte
- Anteil des öffentlichen Sektors

Dazu sind weitere Aspekte von großem Interesse für eine Analyse der Wirtschaftsstruktur:

- Besondere Traditionen (z. B. Bergbau, Kunsthandwerk etc.)
- Wenn möglich Netzwerkanalysen, qualitative Erkenntnisse zu Wertschöpfungsketten (Zulieferer-Abnehmer-Beziehungen), ungenutzten Potenzialen
- Cluster bzw. Schwerpunkte (siehe Baustein 2.5, Abschn. 2.5)

Beispiel
In Abb. 2.6 ist beispielhaft die Wirtschaftsstruktur in einer Region oder einem Land dargestellt. In solchen Kreis- bzw. Tortendiagrammen können recht anschaulich Anteile von Sektoren oder Wirtschaftsbereichen angezeigt werden. In der Regel werden dabei Anteile an der Gesamtwertschöpfung (etwa dem Bruttoinlandsprodukt (BIP)) oder an der Gesamtzahl der (sozialversicherungspflichtigen) Beschäftigten gemessen. Bei einer eher groben Betrachtung im Rahmen der Dreisektorendarstellung können die Bedeutung von Land- und Forstwirtschaft sowie von Fischerei (grün), Produzierendem Gewerbe (rot) und den Dienstleistungen (blau) unterschieden werden. Dies lässt sich je nach Interessenlage weiter differenzieren, um wesentliche Charakteristika des Standortes präziser herausarbeiten zu können. Für eine Einordnung oder Bewertung ist freilich der Vergleich mit anderen Standorten, statistischen Durchschnittswerten etc. unerlässlich.

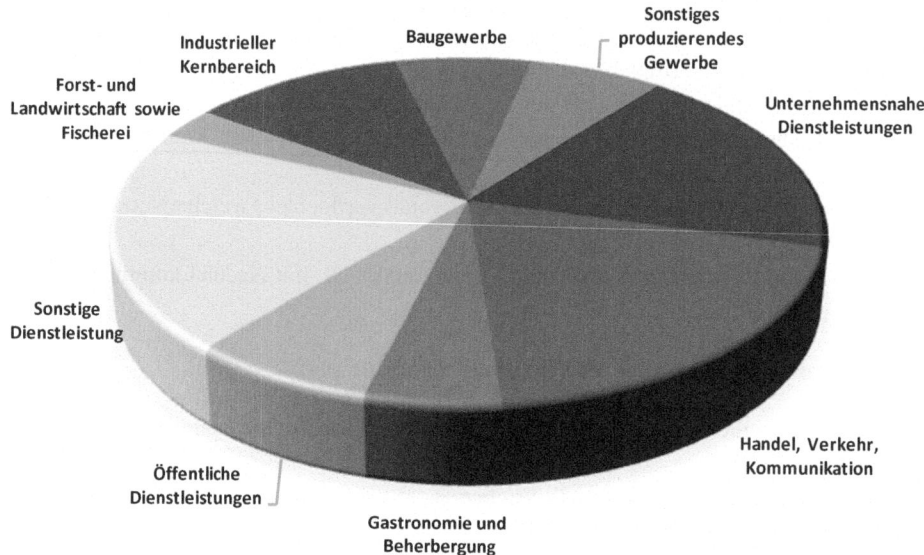

Abb. 2.6 Wirtschaftsstruktur

In Band 1 dieser Reihe wurde bereits ausführlich der Megatrend des demografischen Wandels als Herausforderung für die Wirtschaftsförderung dargestellt. Und natürlich verstärkt dies die Bedeutung demografischer Fakten für einen Standort. Aber neben Demografie spielen auch Fragen des Zusammenhaltes oder der Heimatverbundenheit eine Rolle.

Wichtige **Aspekte im Bereich Bevölkerung**:

- Bevölkerungszusammensetzung und -entwicklung sind wichtig für den Arbeitsmarkt, aber auch die (Konsum-)Nachfrage.
- Zunehmend in den Blick gerät das Sozialkapital, welches durch die Bevölkerung vor Ort gebildet wird, Stichwort Vernetzung, ehrenamtliches Engagement, soziale Bindung etc.

Wichtige **Indikatoren** im Bereich **Bevölkerung** betreffen vor allem die Sozialstruktur:

- Altersaufbau (Altersgruppen, Durchschnittsalter usw.)
- Haushaltsgröße
- Geburten (pro Kopf)
- Wertschöpfung (BIP pro Kopf)
- Einkommen bzw. Kaufkraft
- Erwerbstätigkeit
- (Schul-)Qualifikationen
- Ausländische Bevölkerung bzw. Anteil von Migranten

Indikatoren dienen zunächst der Analyse. Sie eröffnen aber, insbesondere im Fall der Bevölkerungsindikatoren, zugleich die Möglichkeit, dass hier spezifische Entwicklungen erkannt, bewertet und in geeignete (Wirtschaftsförder-) Maßnahmen überführt werden können.

2.2 Baustein 2: Standortanalyse in der Praxis

Eine große Nähe gibt es zum Arbeitsmarkt, schließlich beeinflusst die demografische Entwicklung den Arbeitsmarkt maßgeblich, aber auch umgekehrt sind Einflüsse denkbar (Entwicklung von Pendlerströmen und Zuzug von Fachkräften).

Wichtige **Aspekte im Bereich Arbeitsmarkt**:

- Qualifikationen der Erwerbstätigen[2]
- Arbeitslosigkeit als (negativer) Indikator für Kaufkraft und damit für Nachfrage
- Zunehmend ist Arbeitslosigkeit, besser Unterbeschäftigung, als Fachkräftereserve interessant und damit genau auf ihr Potenzial zu untersuchen.

Gerade der letzte Aspekt zeigt, dass das Thema Arbeitsmarkt/Arbeitslosigkeit aktuell immer mehr durch das verbundene Thema Fachkräftemangel bzw. -sicherung ergänzt oder in Regionen mit Vollbeschäftigung sogar ersetzt wird.

Wichtige **Indikatoren im Bereich Arbeitsmarkt**:

- Arbeitslosenstatistiken (auch nach Qualifikationen)
- Erwerbspersonen
- Pendlerströme/Pendlersaldo

Beispiel Pendler

Das Auseinanderklaffen von Wohnort und Arbeitsplatz führt zu Pendlerbewegungen, die durch eine gewisse Qualität der Verkehrsinfrastruktur und ein quantitatives wie qualitatives Gefälle zwischen den regionalen Arbeitsmärkten verstärkt werden. In der Regel weisen regionale Mittel- und Oberzentren Pendlerüberschüsse auf. Pendlerbewegungen sind jedoch nicht per se gut oder schlecht und sollten stets Ausgangspunkt für nähere bzw. vergleichende Analysen sein. Ein positiver Pendlersaldo mag Zeichen für eine große Arbeitsmarktzentralität sein, kann aber ebenso auf Defizite im Bereich Wohnen hinweisen. Zudem sind mit Blick auf die Einkommen einige statistischen Effekte zu beachten: Die am Arbeitsort verrichtete Tätigkeit erhöht dort die Wertschöpfung, Pendler tragen also zum so statistisch gemessenen Bruttoinlandsprodukt am Arbeitsort bei. Allerdings verwenden sie ihr Einkommen in der Regel zu großen Teilen am Wohnort und stärken dort die „Kaufkraft".

Eine genaue Kenntnis der Pendlerverhalten und -motive eröffnet fast immer Gestaltungsmöglichkeiten auch im Bereich der Standortpolitik.[3] Eine gute Analyse bietet Chancen und Ansatzpunkte für die Entwicklung von Einzelhandel sowie verschiedenen anderen Standortfaktoren, bis hin zu Ansiedlungs- und Fachkräftestrategien. In jedem Fall sind ausgeprägte Pendlerströme ein klarer Indikator für die enge

---

[2] Hier liegen häufig recht gute Statistiken vor. Qualifikationsmuster lassen m.E. auch Rückschlüsse auf Wissensintensität, Entlohnung und Zukunftsfähigkeit der Arbeitsplätze zu.

[3] Ebenso betroffen sind Stadt-, Verkehrs- sowie Umweltpolitik. Hier gibt es zahlreiche Anknüpfungspunkte und Überschneidungen, zum Teil ergeben sich hierbei jedoch auch Zielkonflikte, die an dieser Stelle nicht näher erläutert werden können.

Verflechtung der entsprechenden Wirtschaftsräume. Diese Information sollten die beteiligten Wirtschaftsfördereinrichtungen zum Anlass nehmen, um Kooperationsmöglichkeiten auszuloten und Felder gemeinsamer Interessen abgestimmt zu bearbeiten.

Im Zuge der Fachkräftediskussion kommen **weitere Indikatoren für den Bereich Arbeitsmarkt** hinzu:

- Ungenutzte Erwerbspersonenpotenziale, v. a. bei
  - Älteren, Frauen, Migrantinnen und Migranten (siehe Abb. 2.7)
- Qualifikationen und Bedarfe am Arbeitsmarkt

Ebenfalls in Modul 1 als Megatrend vorgestellt wurde das Thema der knappen öffentlichen Mittel. Für die kommunale und regionale Wirtschaftsförderung beeinflusst dies als in der Regel öffentlich finanzierte Institution bereits die eigene Budgetgestaltung und -ausstattung. Neben der Wirtschaftsfördereinrichtung selbst ist aber vor allem die Region oder Kommune als Ganzes betroffen.

Wichtige **Aspekte im Bereich Öffentliche Finanzen**:

- Öffentliche (Konsum-)Nachfrage als wichtiger Wirtschaftsfaktor,
- Öffentliche Finanzen beeinflussen über entsprechende Investitionen die Infrastruktur (siehe unten)
- und die Steuer- und Abgabenpolitik vor Ort (Gewerbesteuer)

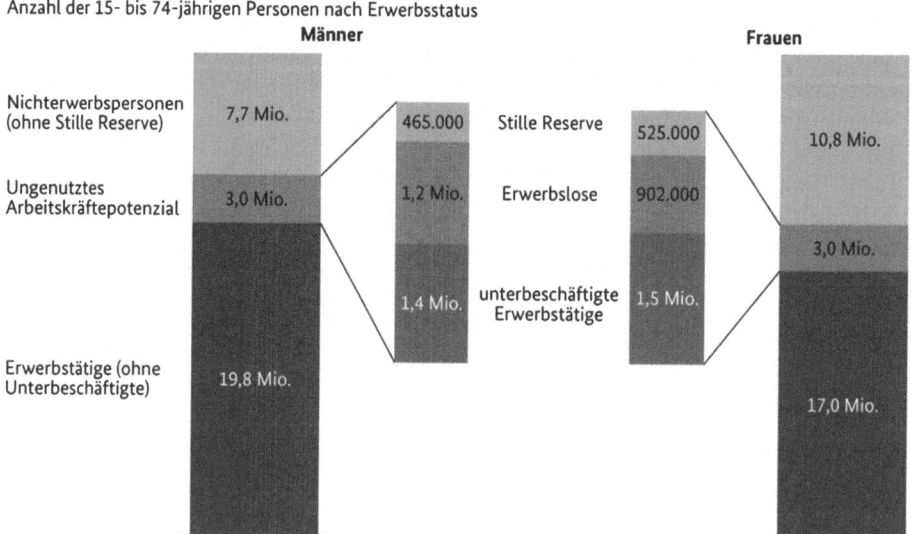

Abb. 2.7 Ungenutztes Arbeitskräftepotenzial (https://www.demografie-portal.de/SharedDocs/Informieren/DE/ZahlenFakten/Ungenutztes_Arbeitskraeftepotenzial.html. Zugegriffen am 12.12.2015)

2.2 Baustein 2: Standortanalyse in der Praxis

Wichtige Indikatoren im Bereich Öffentliche Finanzen:

- Verschuldung (pro Kopf)
  - öffentlich
  - privat
- Steueraufkommen (pro Kopf) nach verschiedenen Steuerarten, z. B. Gemeindesteuereinnahmen
- Ausgaben je Einwohner nach ausgewählten Aufgabenbereichen
- Länderfinanzausgleich/Bundesergänzungszuweisungen

Die Situation der öffentlichen Finanzen, auch der kommunalen, hat direkte Auswirkungen auf die Infrastruktur. Unter Infrastruktur subsummieren sich diverse harte Standortfaktoren, deren Bedeutung je nach Branche unterschiedlich ausfallen, deren Relevanz gleichwohl insgesamt weiter hoch ist.
Wichtige **Aspekte im Bereich Infrastruktur**:

- Infrastruktur beinhaltet eine Vielzahl wichtiger bis unverzichtbarer (harter) Standortfaktoren
- Investitionen in die Infrastruktur und die Betreibung der Infrastrukturen sind selbst ein bedeutender Quell von regionaler Wertschöpfung und Arbeitsplätzen (Bsp. Beschäftigte im ÖPNV, Straßenmeistereien etc.)

Wichtige **Indikatoren im Bereich Infrastruktur**:

- Qualität des ÖPNV, u. a.
  - Dichte des Netzes
  - Frequenz
  - Verzahnung der Verkehrsträger
- Aspekte des Straßenverkehrs, u. a.
  - Anbindung an das Autobahnnetz, insbesondere von Bedeutung bei Branchen mit Nähe zur Logistik!
  - Dichte und Verkehrsfluss -> „Erreichbarkeit"
  - Parkplätze
- Luftverkehr(sanbindung) bzw. Flughäfen vor Ort
- Wasserstraßen und Häfen
- Flächen(verfügbarkeit)

Infrastruktur, teilweise auf Basis natürlicher Gegebenheiten (z. B. Häfen) oder exogen vorgegebener Planungen der Bundesebene (Autobahnen) entstanden, trägt zweifellos erheblich zum Entstehen einer spezifischen Wirtschaftsstruktur bei. Sie beeinflusst darüber hinaus auch maßgeblich die aktuellen Handlungsoptionen in den Bereichen Bestandssicherung und Ansiedlung.

In diesem Zusammenhang kann die Wirtschaftsstruktur noch stärker unter die Lupe genommen werden, um die lokale oder regionale Unternehmensstruktur zu analysieren. Denn die genauere Kenntnis der Unternehmensstruktur bietet für die Wirtschaftsförderung die Möglichkeit ihre Dienstleistungen zielgruppengerechter auszurichten. Am Ende sollte aus der Betrachtung der Unternehmensstruktur eine Zielgruppenanalyse (Zukunftsfähigkeit, Bedarfe) ableitbar sein, die deutlich genauer ist als eine reine Wirtschaftsstrukturanalyse.

Es ist für die kommunale Wirtschaftsförderung sicher hilfreich zu wissen, beispielsweise an einem ausgeprägten Dienstleistungsstandort tätig zu sein. Deutlich zielgenauer kann Wirtschaftsförderung allerdings dann agieren, wenn sie über detailliertere Kenntnis der (Teil-)Strukturen verfügt. Dazu kann der Blick in die Branchen dienen, aber auch die räumliche Differenzierung ermöglicht es, eigene Aktivitäten zielgruppengerecht zu entfalten. So können effektive Maßnahmen konzipiert werden, wenn bekannt ist, dass etwa in einem Stadtteil zahlreiche Klein- und Kleinstfirmen der IT-Branche existieren, die mit den Hochschulen vor Ort gut vernetzt und in nationale Wertschöpfungsketten integriert sind, denen aber Voraussetzungen für den Zugang zu internationalen Märkten fehlen. Somit gibt eine aussagekräftige Analyse der Unternehmensstruktur unverzichtbare Hinweise für adäquate Beratungs-, Ansiedlungs-, Vernetzungs- und Clusterstrategien der Wirtschaftsförderung.

Wichtige **Indikatoren** im Bereich **Unternehmensstruktur**:

- Größenklassenstruktur
- Exportanteil der Unternehmen
- Zahl der *Headquarter* (Hauptsitze) von *global players* (Weltkonzernen)
- Zahl der Niederlassungen und Vor-Ort-Umsätze von Weltkonzernen
- Regionale Spezifität der Unternehmensstruktur in Hinblick auf Positionierung am Markt. Z. B. regionale Bedeutung der *hidden champions*,[4] der Zulieferindustrie, des Handwerks usw.
- Unternehmen mit regionalem Engagement und damit Partnerpotenzial für die Wirtschaftsförderung
- Öffentlicher Sektor (Hochschulen, Schulen, Krankenhäuser, Bundeswehr usw., aber auch JVAs, „Anstalten" und andere eher negativ besetzte Einrichtungen)

Ein Aspekt fehlt in der bisherigen Auflistung: die Lebensqualität. Dieser sehr schwer fassbare Standortfaktor, hinter dem sich viele (weiche) Einzelfaktoren verbergen, ist allerdings angesichts der Fachkräftediskussion und der später noch zu diskutierenden Rolle der Attraktivität der Standorte für die „Talente" und „Kreativarbeiter" von herausragender

---

[4] Weltmarktführer, häufig in Nischenmärkten, die angeblich „keiner" kennt. Nach Simon gehören *hidden champions* in ihrer (Teil-)Branche zu den Top-3-Unternehmen auf dem Weltmarkt oder sind Marktführer auf mindestens einem Kontinent. Zugleich verfügen sie über einen Höchstumsatz von fünf Milliarden Euro und einem „vergleichsweise" geringen Bekanntheitsgrad in der Öffentlichkeit (vgl. Simon 2012).

2.2 Baustein 2: Standortanalyse in der Praxis

Bedeutung. Aber an dieser Stelle stößt die Messbarkeit an Grenzen, wir werden das Thema in den nächsten Abschnitten aufgreifen.

Einige Aspekte der Lebensqualität wie Lebenshaltungskosten lassen sich vielleicht noch messen, ihre Bedeutung ist jedoch für jeden Menschen individuell verschieden und höchst subjektiv. Beispielindikatoren zu folgenden Aspekten sind zudem fast nur durch qualitative Methoden zu gewinnen:

- Wohnqualität
- Freizeitwert (Kulturangebot, Natur, Sehenswürdigkeiten, Sport etc.)
- Umweltqualität
- Vereinbarkeit von Familie und Beruf
- Sozialer Zusammenhalt vs. Offenheit und Toleranz
- Eventuell Werte & Traditionen, Mentalitäten
- „Willkommenskultur"/Integration Zugezogener
- Prestige als Ergebnis eines bestimmten Images (*„the place to be"*)

Wesentlich für die Wirtschaftsfördereinrichtung und einen Teil der Standortanalyse sind nicht zuletzt die weiteren „Player" im Bereich Wirtschaftsförderung vor Ort, die einen Beitrag zur Standortentwicklung leisten (könnten). Denn effektive und integrierte Wirtschaftsförderung muss entsprechend Potenziale der Zusammenarbeit ausloten. Generell lässt sich sagen: Eine große Zahl wichtiger Player, etwa die Hauptgeschäftsstelle einer IHK, Handwerkskammer oder von großen Verbänden vor Ort, ist fraglos eine potenzielle Stärke eines Standortes, denn:

- Die Ansammlung von wichtigen Playern ist für sich bereits ein Wirtschaftsfaktor (Arbeitsplätze, Steuereinnahmen etc.).
- Die Wege untereinander sind kurz, Netzwerkaktivitäten und (gemeinsamer) Standortlobbyismus sind potenziell besser zu organisieren („Man sieht sich", Dinge können auf „dem kleinen Dienstweg" geklärt werden).
- Die hohe Konzentration von Kompetenzen und Ressourcen birgt erhebliche Potenziale für effektive Wirtschaftsfördermaßnahmen.

Für die praktische Wirtschaftsförderung ist dann wichtig, diese Potenziale tatsächlich zu heben. Gelingt es, das dazu erforderliche hohe Maß an Abstimmung und Kooperationsbereitschaft aufzubringen (Wer macht was? Wer hat „den Hut auf"? Wo sind Aktivitäten verortet, wie werden Kosten zugerechnet, usw.)? Dabei sind für einen gemeinsamen Erfolg Rivalitäten, Eifersüchteleien und Egoismen zurückzustellen, damit eine höhere Standortqualität geschaffen und klar nach außen kommuniziert werden kann.

Insgesamt fügen sich aus den vorangegangenen Aspekten die unterschiedlichsten Facetten eines Standortes zusammen. Die Ausführungen der folgenden Abschn. 2.2.3 und 2.2.4 werden verdeutlichen, dass hierzu erhebliche Anstrengungen vonnöten sind. Wenn es allerdings gelingt, allein oder mit Unterstützung anderer (z. B. Beratungsunternehmen oder Forschungseinrichtungen) aussagekräftige Daten zusammenzutragen, und dies zu einem stimmigen Bild zusammenzufügen, erhält man ein überzeugendes **Standortprofil**.

▶ Standortanalyse muss die Standortfaktoren genau unter die Lupe nehmen, um den Charakter bzw. das Standortprofil der Region/Kommune präzise zu erfassen. Solch aufwendig zusammengestellte Kompendien sind dann freilich mehr als nur eine gute Grundlage für die Arbeit der Wirtschaftsförderung. Gut aufbereitet und ansprechend dargestellt können diese Fakten im Standortmarketing genutzt werden

- als (erweiterte) Visitenkarte,
- zum Verdeutlichen des USP bzw. der Alleinstellungsmerkmale einer Region, ihrer Stärken und Potenziale,
- als Argumente für Bestandsunternehmen, zu bleiben,
- oder für auswärtige Unternehmen, sich anzusiedeln.

Ein Beispiel für ein sehr aufwendig und umfassend erstelltes Standortprofil präsentiert die Wirtschaftsförderung Düsseldorf auf ihrer Homepage unter https://www2.duesseldorf.de/fileadmin/Amt80/wirtschaftsfoerderung/pdf/daten_fakten_d.pdf.

Der folgende Screenshot stammt aus der aktualisierten Version für Investoren und Entwickler (siehe Abb. 2.8). Die Thematik Standortprofil und Benchmarking wird in Abschn. 2.3.3 mit weiteren guten Beispielen vertieft.

2.2.2 Befragungen als Instrument der Standortanalyse

Eine gute Möglichkeit, Daten über den Status quo der Standortattraktivität selbst zu generieren, um Handlungsbedarfe für die Wirtschaftsförderung abzuleiten, ist eine Unternehmensbefragung. Ergebnisse einer solchen Befragung können im Beratungsbereich oder für die Lobbyarbeit gegenüber Politik und anderen sehr wertvolle Dienste leisten. Auf diese Weise kann zumindest ein Stimmungsbild der regionalen Wirtschaft eingeholt werden. Zusätzlich können bereits vor der Befragung oder im Rahmen der Auswertung Filter gesetzt werden, um u. a. einzelne Branchen, Betriebsgrößen oder Teilregionen zu analysieren und zu vergleichen.

Soll eine große Gruppe befragt werden, eventuell sogar eine Vollerhebung durchgeführt werden, bietet sich die quantitative Methode über standardisierte Fragebögen an, die per Post oder online an die Betriebe gesendet werden können. Damit werden große Reichweiten erzielt, der Aufwand bleibt überschaubar, die Anonymität der Befragten gewahrt und eine Beeinflussung, etwa durch einen Interviewer, kann ausgeschlossen werden. Allerdings ist für Novizen das Rücklaufergebnis oft sehr ernüchternd, denn selbst bei bester inhaltlicher Vorbereitung, kurzen, gut verständlichen Fragebögen, öffentlichkeitswirksamer Begleitung durch Pressearbeit und dann vielleicht noch in einigen Fällen einer persönlichen Ansprache, erreichen die Rücklaufquoten kaum deutlich mehr als 10 %.

Zum einen resultiert dies aus der „Fragebogenmüdigkeit" vieler Unternehmen, die sich im Alltag bereits durch eine Vielzahl von ähnlichen Anfragen, statistischen Erhebungen und steuerlichen Datenerfordernissen reichlich beansprucht sehen. Zum anderen gelingt

Düsseldorf – World-Class Living and Working
Düsseldorf – Weltklasse zum Leben und Arbeiten

Abb. 2.8 Best Practice – Beispiel für ein Standortprofil: Düsseldorf (http://www.duesseldorf-realestate.de/fileadmin/media/immobilienmarkt/chartflyer_mipim-16-17.pdf. Zugegriffen am 08.07.2016)

es nicht immer, den Nutzen der Befragung deutlich zu machen. Unternehmen erwarten in der Regel, dass Befragungsergebnisse zu Erkenntnissen führen, die in konkrete Verbesserungen des Standortes münden. Es reicht also nicht, Befragungen allein zur Erweiterung der eigenen Wissensbestände zu nutzen, auch erfolgreiche Interessenvertretung oder die Entwicklung eigener Maßnahmen sollten angestrebt werden.

An dieser Stelle kann nicht auf Einzelheiten der Methodik, die möglichen Untersuchungsdesigns sowie alternative Vorgehensweisen eingegangen werden.[5] Allerdings sollen

---

[5] Inzwischen gibt es jedoch eine breite Auswahl an Spezialliteratur zu diesem Feld.

einige wesentliche Hinweise zur inhaltlichen Gestaltung erfolgen. Zudem sei an dieser Stelle vor Über- und Fehlinterpretationen gewarnt.

Zunächst hat es sich in Befragungen zur Standortattraktivität bewährt, sowohl nach der Bedeutung, Relevanz oder Wichtigkeit (diese Begriffe seien an dieser Stelle synonym verwandt) eines Standortes zu fragen, als auch nach Zufriedenheit der Unternehmer. Gelegentlich trifft man in der Praxis immer noch auf Befragungen, die nur einen Aspekt beleuchten und damit bereits vor der Auswertung die falsche, weil unzureichende Fragestellung festlegen. Vor allem wird in solchen Fällen vergessen, neben der Zufriedenheit auch die Relevanz abzufragen. Dies ist deshalb unverzeihlich, weil die Ergebnisse dann vielleicht dennoch mit gewisser Öffentlichkeitswirkung publizierbar, aber für die Wirtschaftsförderung faktisch unbrauchbar sind. Ein hervorragend bewerteter Standortfaktor ohne Relevanz wird kaum dazu dienen können, Unternehmen vom Standort zu begeistern. Echte Stärken werden stets als wichtig *und* gut bewertet. Dann erst gibt es einen klaren Fingerzeig für das Standortmarketing, diese Felder (noch) stärker nach außen und innen zu kommunizieren.

Negativ bewertete Standortfaktoren, die jedoch als kaum relevant bewertet wurden, verdienen in der Regel keine größeren Mühen der Wirtschaftsförderung.[6] Sicherlich würde sich niemand gegen Verbesserungen in solchen Bereichen wehren, doch das Hauptaugenmerk der Wirtschaftsförderung sollte jenen Standortfaktoren gelten, denen die Unternehmen eine große Bedeutung zumessen, die jedoch (relativ) schlecht bewertet werden. Das Delta von Relevanz und Zufriedenheit ist somit ein erster guter Anhaltspunkt für einen echten Handlungsbedarf.

Beispielhaft und recht anschaulich ist die Auswertung der IHK zu Köln (Abb. 2.9) dargestellt (vgl. IHK zu Köln 2015). Hier sind die kritischen Faktoren, bei denen Wichtigkeit und Zufriedenheit zu Ungunsten des letzteren auseinandergehen, noch durch Blitze hervorgehoben. Anhand dieses Beispiels lässt sich leicht erkennen, dass eine solche Befragung nicht nur recht gut das Stimmungsbild der Unternehmerschaft in Sachen Standortzufriedenheit widergibt, sondern zugleich eine Möglichkeit bietet, im politischen Raum überzeugend, weil fundiert für die Belange der Wirtschaft einzutreten.

Die Nachteile einer Unternehmensbefragung müssen jedoch realistisch ins Kalkül gezogen werden. Zu nennen sind dabei zunächst die Nachteile im Zusammenhang mit der quantitativen Befragungstechnik selbst. So wird ein schlechter Rücklauf gewisse Zweifel an der Repräsentativität auslösen. Das muss keineswegs statistisch begründet sein, kann aber die öffentliche Wahrnehmung und Akzeptanz der Ergebnisse beeinflussen. In jedem Falle sind quantitative Befragungen immer dazu verdammt, weitgehend

---

[6] Außer man muss vermuten, dass dies eine spezifische Sicht der befragten Unternehmer ist und Bürger, Fachkräfte, Gründer oder Ansiedlungswillige anders urteilen würden (siehe weitere Ausführungen am Ende des Abschnitts).

2.2 Baustein 2: Standortanalyse in der Praxis

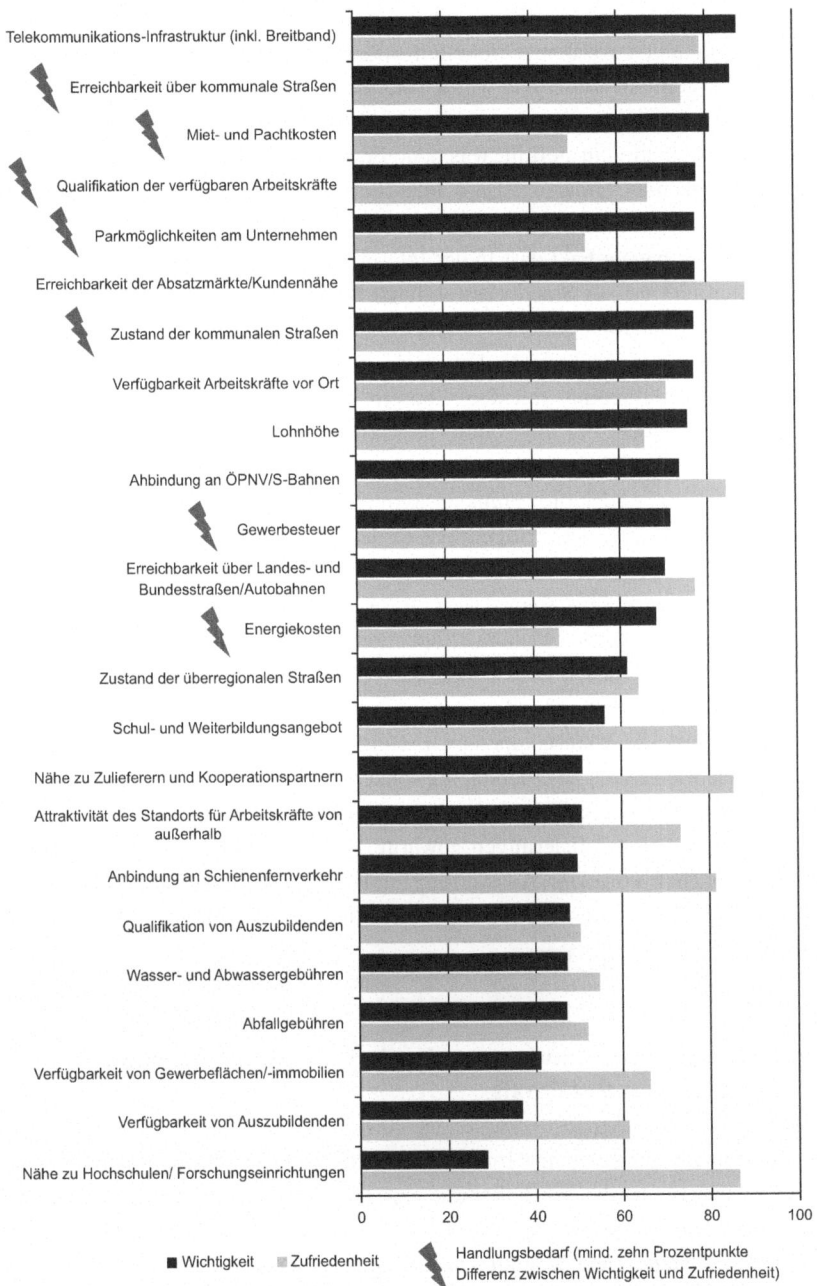

Abb. 2.9 Wichtigkeit der Standortfaktoren aus Unternehmenssicht (http://www.ihk-koeln.de/upload/2015_IHK_Koeln_Standortanalyse_42891.pdf. Zugegriffen am 12.12.2015)

an der Oberfläche zu verbleiben. Mit Einzelinterviews könnte im Gegensatz dazu stärker in die Tiefe gegangen werden, Feinheiten und Hintergründe würden möglicherweise deutlich besser sichtbar. Außerdem werden standardisierte Fragebögen, vor allem, wenn sie zu umfangreich, kleinteilig oder zu kompliziert ausfallen, nicht selten abgelehnt oder eben auch unvollständig ausgefüllt, was neue Probleme für die Auswertung aufwirft.

Ein einschränkender Hinweis ist aus inhaltlicher Sicht mit Blick auf die Zielgruppe hinzuzufügen: Die Unternehmensbefragung ist eine Befragung von bereits ansässigen Unternehmen. Dieser banale Fakt darf in der Interpretation nicht vergessen werden. Fragen zur Lebensqualität und zur Standortattraktivität für Fachkräfte, die regelmäßig bei entsprechenden Gelegenheiten gestellt werden, können in einer solchen Befragung auch nur aus der individuellen Perspektive der Unternehmerperson beantwortet werden. Und diese Sicht stimmt nicht unbedingt mit dem überein, was die Fachkräfte selbst zu diesem Thema zu äußern haben. Für die Standortattraktivität wird die Einschätzung der Fachkräfte jedoch immer wichtiger (siehe Baustein 6, Abschn. 2.6).

Und nicht zuletzt werden die bereits ansässigen Unternehmen bestimmte Standortfaktoren wie die Gewerbeflächenverfügbarkeit in ihrer Bedeutung systematisch unterschätzen. Außer in Fällen, wo neue (Erweiterungs-)Flächen gesucht werden, darf ein eher geringes Interesse an diesem Thema vermutet werden. Wenn dann in der Interpretation davon ausgegangen wird, die Flächenverfügbarkeit sei kein größeres Problem, hätte man vielleicht vorher noch Ansiedlungswillige oder Gründungsinteressierte hinzuziehen sollen, um das Risiko unzutreffender Aussagen zu vermeiden.

In Summe muss die Unternehmensbefragung als sehr gutes Instrument bezeichnet werden, um wichtige Daten zu erheben, die sonst nicht verfügbar wären und zugleich das Kernklientel der Wirtschaftsförderung adressieren. Lediglich sei vor Überinterpretationen und zu starken Generalisierungen gewarnt. Schließlich gilt: Auch bei vorsichtiger und wissenschaftlich korrekter Auswertung und Interpretation sollten genügend praktisch verwertbare Erkenntnisse und Argumente für den wirtschaftspolitischen Diskurs verbleiben.

2.2.3 Datenquellen, Standortmonitoring und Benchmarking – Beispiele aus der Praxis

Standortmonitoring bedeutet im Grunde Standortanalyse in dynamischer Perspektive. Voraussetzung dafür ist die Verfügbarkeit von Zahlenreihen, da die Entwicklung über die Zeit erfasst und interpretiert werden soll. Doch auch bereits für rein statische Analysen braucht es Daten. Viele Kommunen verfügen zwar über einen sehr ansehnlichen Datenbestand und nutzen diesen höchst professionell für verschiedene Zwecke, darunter die Steuerung der Wirtschaftsförderaktivitäten, das Standortmarketing oder das Flächenmanagement. Dennoch stehen Wirtschaftsfördereinrichtungen, gerade die kleineren Institutionen, immer wieder vor der Herausforderung, zu bestimmten Themen Daten neu gewinnen zu müssen.

2.2 Baustein 2: Standortanalyse in der Praxis

Eine Möglichkeit kann darin liegen, diese Daten über Dritte, zum Beispiel spezialisierte Institute, in Zusammenarbeit mit Hochschulen, oder aber auch selbst zu erheben. Dazu kann auf verschiedene Datenquellen zurückgegriffen werden. Statistische Ämter der EU, des Bundes und der Länder halten einen großen Datenbestand bereit. Allerdings fehlt hier oft der passende räumliche Zuschnitt. Dann muss dieser z. T. mühsam hergestellt werden oder aber die Daten sind nur bedingt aussagekräftig.

Aufbereitete Daten oder solche zu besonderen Themen, welche die Wirtschaftsförderung betreffen, finden sich zunehmend auf speziellen Internetseiten. Zu nennen ist das Demografieportal des Bundes und der Länder (http://www.demografie-portal.de/DE/Home/home_node.html), vor allem aber die Raumbeobachtung des Bundesinstitutes für Bau-, Stadt- und Raumforschung (BBSR) im Bundesamt für Bauwesen und Raumordnung (BBR). Hier werden Informationen zu den Standort- und Lebensbedingungen in Deutschland anschaulich über interaktive Karten und Grafiken bereitgestellt (http://www.bbsr.bund.de/BBSR/DE/Raumbeobachtung/raumbeobachtungde_node.html;jsessionid=5DD82E90BF1129A1E75C833ED94211ED.live1043). Die vielfältigen Analysen, Karten und Grafiken zeichnen auch dynamische Prozesse wie Aufholerfolge oder wachsende Disparitäten nach. Zusätzlich können weiterführende Veröffentlichungen zur Stadt- und Regionalentwicklung abgerufen werden.

Für Arbeitsmarktdaten liefern viele regionale Arbeitsagenturen bereits sehr differenziertes und vielfach durchaus ansprechend aufbereitetes Zahlenmaterial, zudem bietet das zugehörige Institut (IAB) vielfältige Studien zum Arbeitsmarkt.[7]

Über große Datenbestände verfügen die Kammern und Wirtschaftsverbände. Vor allem in den Zentralverbänden werden Daten gesammelt und für die eigene Öffentlichkeitsarbeit genutzt. Für außenstehende wie die kommunalen und regionalen Wirtschaftsförderer ist es dann nicht immer leicht, an alle diese Daten zu gelangen, gelegentlich gibt es zusätzlich datenschutzrechtliche Bedenken. Dies ist bedauerlich, denn es darf davon ausgegangen werden, dass der nicht öffentliche Datenbestand deutlich größer ist als das, was aus Homepages und Publikationen entnehmbar ist.

Dennoch wächst die Zahl der wirtschaftsfördereigenen Publikationen zu wichtigen Daten, darunter oft Berichte zu bestimmten Standortthemen, gelegentlich auch echte Benchmarks. Solche Analysen bieten eine Grundlage für die tägliche Arbeit der Wirtschaftsförderungen selbst, erhöhen die Transparenz für Bestandsunternehmen sowie Ansiedlungswillige und informieren nicht zuletzt auch den interessierten Bürger. Praktische Beispiele in unterschiedlicher Ausprägung und über sämtliche Themen erstreckend finden sich in folgender Liste und zeigen eindrücklich die Breite und Datenvielfalt. Sie können darüber hinaus als Anregung oder Vorbild für eigene Aktivitäten dienen, zum Nachdenken anstiften, oder aber schlicht interessante Informationen zum jeweiligen Standort vermitteln[8]:

---

[7] Vgl. http://www.iab.de/.
[8] Alle Links Stand 1.4.2016.

- Wirtschaftsförderagentur für Technologieregion Aachen AGIT: u. a. Gewerbeflächeninformations-system http://www.gistra.de/AGIT-GISTRA/
- Wirtschaftsförderung Dortmund: u. a. Standortmonitor mit Fokus auf die Fachkräfteentwicklung (http://www.wirtschaftsfoerderung-dortmund.de/downloads/arbeitskraefte/standortmonitor-2015-fachkraefteentwicklung.pdf)
- Wirtschaftsförderung Region Hannover: u. a. Gewerbeflächenmonitoring, Immobilienmarktbericht http://www.wirtschaftsfoerderung-hannover.de/Downloads
- Wirtschaftsförderung Hi-Reg Region Hildesheim: u. a. Creditreform Regionencheck Kreis Hildesheim – regionale Insolvenzrisiken im Vergleich http://www.hi-reg.de/fileadmin/mediathek/pdf_Unternehmerservice/Creditreform_Regionencheck-2015.pdf
- Wirtschaftsförderung München: u. a. Erwerbstätigenprognose München bis 2030 http://www.wirtschaft-muenchen.de/publikationen/pdfs/erwerbstaetigenprognose.pdf
- Wirtschaftsförderung Münster GmbH: u. a. Büromarktstudie http://www.wfm-muenster.de/media/wfm_bromarktsudie_2015_72dpi.pdf
- Wirtschaftsförderung Osnabrück: u. a. Handelsmonitor http://www.wfo.de/fileadmin/eigene_Dateien/031_WFO/2_Downloads/Handelsmonitor_2015_web.pdf
- Wirtschaftsförderung Sindelfingen GmbH: u. a. Investorenhandbuch http://www.sindelfingen.org/files/investorenhandbuch_m.pdf
- Wirtschaftsförderung Stuttgart: u. a. Gründungs- und Kreativzentren http://www.stuttgart.de/img/mdb/item/194498/96521.pdf
- Chemnitz-zieht-an: u. a. Arbeitgeber-, Arbeitsmarkt- und Ausbildungsplatzportal http://www.chemnitz-zieht-an.de/de/

Anders als die spezifische Analyse, die naturgemäß sehr zielgenau auf die eigenen Bedarfe abgestimmt ist, haben Wirtschaftsfördereinrichtungen auch Zugang zu Studien und Befragungen allgemeiner Art, die dann in Fachpublikationen, z.T. aber auch in Medien mit größerer Reichweite transportiert werden. Gerade Benchmarks in Gestalt von Länder- oder Städterankings stoßen offenbar auch beim breiten Publikum auf großes Interesse. Ein international und national sehr stark beachteter Benchmark ist beispielsweise das Mercer-Städteranking (Abb. 2.10). Hier wird versucht, die Lebensqualität zu messen und international zu vergleichen. Solche Rankings werden natürlich von den erfolgreichen Städten gerne im Standortmarketing genutzt.

Trotz der Eingängigkeit und vermeintlichen Klarheit ist bei solchen Rankings, vor allem wenn es um subjektive und schwer messbare Aspekte wie die Lebensqualität geht, eine gewisse Vorsicht geboten. Zudem ist der Informationsgehalt des nackten Rankings sehr überschaubar. Gelegentlich fehlt es gar an Erläuterungen und Begründungen für die Vorgehensweise und damit die Nachvollziehbarkeit der Ergebnisse.

Für das hier exemplarisch präsentierte Mercer-Ranking gilt dies erfreulicherweise nicht. Vielmehr ist es ein gutes Beispiel für ein fundiertes und recht aufwendiges Untersuchungsdesign, welches ferner sehr transparent und umfassend erläutert wird (Mercer 2016):

2.2 Baustein 2: Standortanalyse in der Praxis

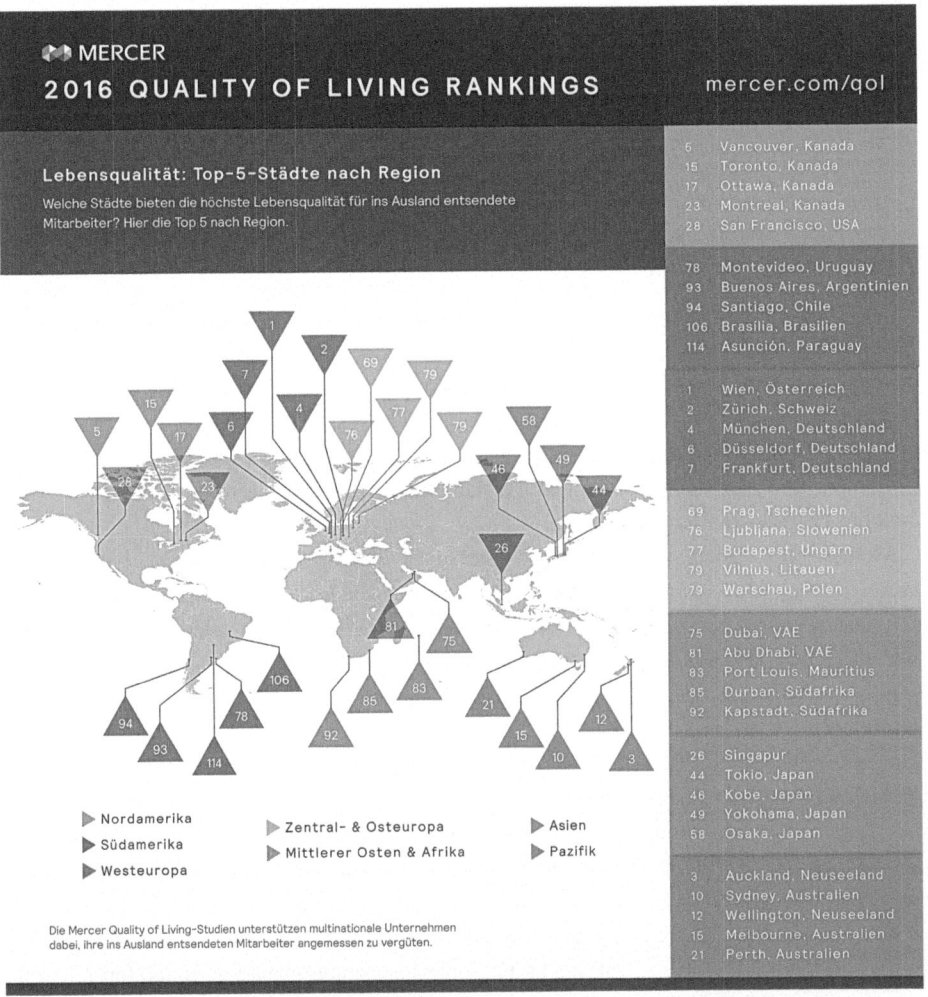

Abb. 2.10 Top10 des „Quality of Living"-Rankings von Mercer (http://www.mercer.de/newsroom/quality-of-living-ranking-2016.html. Zugegriffen am 29.04.2016)

„Mercer evaluates local living conditions in more than 440 cities surveyed worldwide. Living conditions are analysed according to 39 factors, grouped in 10 categories:

1. Political and social environment (political stability, crime, law enforcement, etc.).
2. Economic environment (currency exchange regulations, banking services).
3. Socio-cultural environment (media availability and censorship, limitations on personal freedom).
4. Medical and health considerations (medical supplies and services, infectious diseases, sewage, waste disposal, air pollution, etc.).
5. Schools and education (standards and availability of international schools).

6. Public services and transportation (electricity, water, public transportation, traffic congestion, etc.).
7. Recreation (restaurants, theatres, cinemas, sports and leisure, etc.).
8. Consumer goods (availability of food/daily consumption items, cars, etc.).
9. Housing (rental housing, household appliances, furniture, maintenance services).
10. Natural environment (climate, record of natural disasters).

The scores attributed to each factor, which are weighted to reflect their importance to expatriates, permit objective city-to-city comparisons. The result is a quality of living index that compares relative differences between any two locations evaluated. For the indices to be used effectively, Mercer has created a grid that enables users to link the resulting index to a quality of living allowance amount by recommending a percentage value in relation to the index."

Die Zahl der berücksichtigten Faktoren beeindruckt, die Auswahl und das Bemühen um Gewichtung überzeugt. Aber zugleich werden die Grenzen bei der Messung von Lebensqualität trotz alledem deutlich. Jeder Mensch wird die Einzelfaktoren für sich individuell gewichten, und dies auch noch im Zeitverlauf keineswegs unverändert, sondern je nach aktueller Lebenssituation.

Mercer selbst äußert sich deshalb entsprechend vorsichtig zur eigenen Erhebung (Focus online 2015): „Man kann in der laut Ranking lebenswertesten Stadt leben und trotzdem aufgrund persönlicher Umstände wie Krankheit, Arbeitslosigkeit oder Einsamkeit eine sehr schlechte Lebensqualität haben." Focus online (2015)

Resümee

Standortanalyse ist die Basis für eine fundierte, rational agierende Wirtschaftsförderung. Die genaue Kenntnis des Standortes ist Voraussetzung dafür, dass die richtigen Maßnahmen getroffen werden und der Politik sowie der Öffentlichkeit gegenüber vertreten werden können. Zudem kann eine faktenreiche Standortanalyse für das Standortmarketing eingesetzt werden.

Eine umfassende und vollständige Standortanalyse ist somit sehr nützlich, aber in der Regel aufwendig. Es müssen zahlreiche Faktoren betrachtet, geeignete Indikatoren identifiziert werden. Die entsprechende Datenbasis steht dabei nicht immer zur Verfügung und muss dann beschafft werden. Dies kann durch eigene Erhebungen geschehen. Unternehmensbefragungen sind hier ein immer beliebterer Weg. Es können aber auch Sekundärdaten von statistischen Ämtern, Forschungsinstituten, Verbänden oder Kammern herangezogen werden. Als Ergänzung kommen Rankings und öffentlich publizierte Standortvergleiche in Frage. Wichtig ist die richtige Interpretation der Daten, vor allem, um letztlich nicht die falschen Schlüsse mit Blick auf die Ausrichtung der Wirtschaftsförderung zu ziehen und in der Folge Entwicklungschancen der Stadt oder Region ungenutzt zu lassen.

Kontroll- und Lernfragen

a. Erläutern Sie, welche Aspekte bei der Standortanalyse zu berücksichtigen sind.
b. Geben Sie jeweils Beispiele für Indikatoren.

c. Studieren Sie zur Anschauung das Standortprofil Düsseldorfs. Welche Charts sind aus Ihrer Sicht hervorzuheben? Für wen sind die Fakten in welcher Weise relevant? Welches sind die Gründe für Ihr Urteil?
d. Nennen Sie Vor- und Nachteile einer eigenen Unternehmensbefragung.
e. Nennen Sie wichtige Datenquellen außerhalb der Kommunalverwaltung. Welche Einschränkungen sind dabei zu beachten?

2.3 Baustein 3: Klassische regionale Entwicklungstheorien

Lernziele
Strategische Wirtschaftsförderung sieht sich, über die Rolle als Dienstleister hinaus, als Teil der Regionalpolitik. In diesem Abschnitt lernt der Leser drei Theorien kennen, die unterschiedliche Motoren der regionalen Entwicklung betonen. Der Leser sollte den Kern der drei Theorien erkennen, sich die zentralen Botschaften für die praktische Wirtschaftsförderung aneignen und dabei ein komplementäres Verständnis entwickeln.

2.3.1 Exportbasis-Theorie

Die im Grunde sehr einfache Exportbasis-Theorie dürfte zu den in der Praxis populärsten Ansätzen zur Beschreibung der wirtschaftlichen Entwicklungen in einer Region gehören, insbesondere in Deutschland. Im Mittelpunkt steht ein so genannter Exportsektor. Gemeint sind damit Branchen bzw. Unternehmen, die eine erhebliche Menge an regional produzierten Gütern in andere Regionen „exportieren". Sekundär ist in diesem Zusammenhang, ob dabei nationale Grenzen überwunden werden, also „echter" Export im volkswirtschaftlichen Sinne stattfindet. Wichtig ist vielmehr, dass die „exportierende" Region zusätzliches Einkommen in die Region holt und dadurch eine positive Dynamik induziert, die auf den Exportbasismultiplikator zurückzuführen ist.

Die Theorie geht vereinfachend von zwei Sektoren aus: dem Basissektor (*export-base/basic industry*) und dem „Nicht-Basissektor" (*non-basic-industry*). Die exportorientierten Unternehmen bilden den Basissektor und entfalten den wesentlichen Mechanismus. Hier ist sicher an die *Global Player* aus der Großindustrie zu denken, die ihre Massengüter natürlich nicht für den lokalen Bedarf (allein) produzieren. Als Wirtschaftsförderer mit Blick für die KMU dürfte man die *hidden champions*, vor allem die kleinen Unternehmen, die oft in Nischen ebenfalls überregional aktiv sind, in diesem Kontext jedoch keinesfalls vernachlässigen. Die Unternehmen des „Nicht-Basissektors" (*non-basic-industry*) bieten Güter und Dienstleistungen für den lokalen Markt an. In der Praxis gilt dies für viele

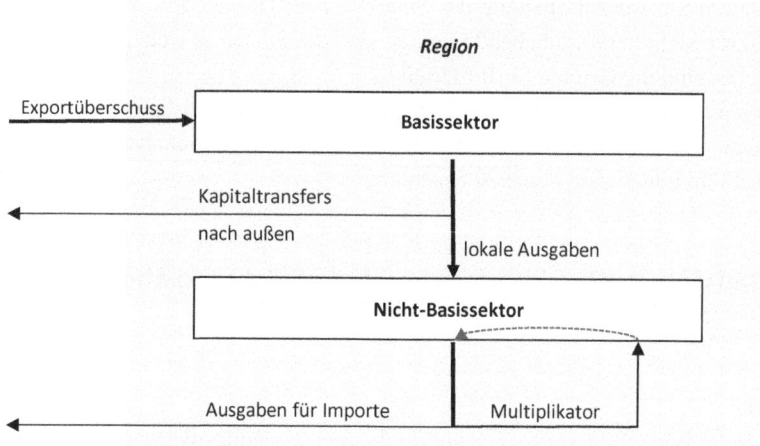

Abb. 2.11 Sektoren und Kapitalströme im Exportbasis-Ansatz (eigene Darstellung)

Handwerks- und andere Dienstleistungen, das Gastgewerbe, für weite Bereiche des Gesundheits- und Bildungswesens sowie des Handels.

Zurück zum angedeuteten Mechanismus: Mit den „Exporten" des Basissektors wächst das Einkommen der Unternehmen in diesem Bereich, es entsteht ein „Exportüberschuss". Dieses erhöhte Einkommen wird z. T. wieder nach außerhalb der Region transferiert, weil Gewinne abfließen oder Ausgaben für Importe (z. B. Inputgüter bzw. Zulieferprodukte) getätigt werden. Das erhöhte Einkommen wird aber eben auch in Konsum vor Ort gewandelt, also innerhalb der Region ausgegeben. Somit erhöht sich die Nachfrage nach lokal angebotenen Güter und Dienstleistungen. Nun kommt der Multiplikatoreffekt zum Tragen: Denn die Profiteure, also die Unternehmen der *non-basic-industries*, verwenden einen Großteil des durch die erhöhte Nachfrage bei ihnen zusätzlich erzeugten Einkommens erneut für Güter und Dienstleistungen aus der Region. Dieser Vorgang wiederholt sich theoretisch über zahlreiche Runden, bis er sich erschöpft hat. Da von jedem zusätzlichen Einkommen nur ein Teil erneut in den lokalen Konsum geleitet wird, kommt es zu dem multiplikatortypischen Auslaufen der rechnerischen Einkommenszuwächse. Je größer der Anteil der innerhalb der Region verbleibenden Ausgaben, desto stärker der genannte Multiplikatoreffekt. Abb. 2.11 zeigt die wesentlichen Wirkungen des Exportbasis-Ansatzes im Überblick.

Beispiel

Um dies an einem Beispiel zu veranschaulichen: Der große Global Player vor Ort, der seine Produkte weltweit verkauft, sorgt durch diese „Exporte" für zusätzliches Einkommen in der Region. Das Unternehmen und seine Mitarbeiter transferieren zwar möglicherweise einen Teil dieser „Exportüberschüsse" wieder nach außen, weil sie Gewinne übertragen oder Güter und Dienstleistungen von außerhalb erwerben, etwa, um produzieren zu können. Ganz gewiss steigt aber auch die Nachfrage nach regional erstellten Leistungen. Davon profitieren zum Beispiel Gastwirte, Handwerker, Grundstücksbesitzer, Vermieter oder Händler. Diese werden nun ebenfalls mehr konsumieren können oder vielleicht Bauleistungen nachfragen, um zu expandieren. Dies löst wieder neue Konsummöglichkeiten aus usw. Dieser Kreislauf erhöht letztlich die regionale Wertschöpfung und ist damit aus Sicht der Wirtschaftsförderung höchst begrüßenswert. Originäres Ziel einer Wirtschaftsförderung wird es folglich sein, einen Beitrag dazu zu leisten, dass der regionale Multiplikator möglichst groß ist, um die regionalwirtschaftlichen Effekte im Idealfall zu maximieren.

Wie gleich noch kurz erläutert wird, bietet ein solch einfacher, weil monokausaler Ansatz hinreichend Anlass zur Kritik. Positiv kann jedoch angemerkt werden, dass die Exportbasis-Theorie einen recht guten und schnell erfassbaren Einstieg in regionalwirtschaftliches Denken erlaubt. Schließlich ist die regionale Bedeutung von Branchen und Unternehmen, die dem Basissektor zuzurechnen sind, nicht zu leugnen. Natürlich darf nicht der naive Schluss gezogen werden, Wirtschaftsförderung müsse sich deshalb allein auf diese Unternehmen konzentrieren. Denn zu Ende gedacht, liefert die Exportbasis-Theorie ebenfalls ein erstes Verständnis von Gefahren der Abhängigkeit. Dann nämlich, wenn die Exportnachfrage nachlässt und bei einer einseitig entwickelten Region zu einer entsprechenden Abwärtsspirale führt. Anschauliche Beispiele liefern die einst prosperierenden Industrieregionen der entwickelten Länder, die heute mit Strukturproblemen zu kämpfen haben.

Nun zur Kritik: Zunächst ist die Exportbasis-Theorie rein nachfrageorientiert, die Angebotsseite wird nicht betrachtet. Hier bleiben von der Sicherstellung des (qualifizierten) Arbeitskräftepools, über Ansiedlungsstrategien, Infrastrukturmaßnahmen bis hin zur Lebensqualität zahlreiche essenzielle Themen der Wirtschaftsförderung völlig ausgeblendet. Im Übrigen ist die Exportnachfrage selbst exogen. Warum die Güter und Dienstleistungen des Basissektors nachgefragt werden, wird nicht erklärt. Entsprechend können keine Aussagen darüber getroffen werden, ob, wann und in welchem Maße sich zukünftig diese exogene Nachfrage und damit der zentrale Motor des regionalen Wachstums entwickeln wird.

Außerdem fehlt die endogene Komponente. Dies ist zumindest aus moderner Sicht ein enormes Defizit. Eine allein auf die Exportbasis-Theorie gestützte Wirtschaftsförderstrategie würde die endogenen Potenziale der Region (siehe Abschn. 2.3.2) weitgehend unberücksichtigt lassen.

Ein weiterer Kritikpunkt betrifft die Vernachlässigung von Wertschöpfungsketten sowie Interdependenzen zwischen den Sektoren. Unabhängig von den konkreten und spezifischen Gegebenheiten eines Standortes: Eine erfolgreiche Entwicklung des Basissektors ohne leistungsfähigen lokalen Sektor, zu dem Betriebe gehören, die u. a. als unternehmensorientierte Dienstleister oder Zulieferer agieren, ist kaum denkbar. In der Praxis ist die Quantität, Qualität und Spezifität dieser Logistiker, Handwerksbetriebe, Beratungsunternehmen, Caterer, Berufsschulen usw. eine wesentliche Größe für den Erfolg des „Exportsektors" und nicht zuletzt wichtig für dessen Standorttreue.

Ein Einwand muss ferner von den mittelständisch geprägten Regionen ausgehen. In Deutschland gibt es prosperierende Regionen, die keinen dominanten Basissektor aufweisen.

Sie beziehen ihre Stärke gerade aus einer diversifizierten Struktur, zu der viele Unternehmen unterschiedlicher Größe und verschiedener Branchen gehören. Hier unüberlegt und einseitig einzelne Sektoren zu einem vermeintlich fehlenden Basissektor aufzupäppeln, wäre vermutlich genau die falsche Wirtschaftsförderstrategie für ein nachhaltiges Wachstum der Region.

Für die praktische Anwendung bzw. den empirischen Nachweis ist ein weiteres Problem zu konstatieren: Wie kann der Basissektor identifiziert und eingegrenzt werden? Im Falle Wolfsburgs und ähnlich strukturierter Regionen böten sich zwar naheliegende Lösungen an, in den meisten Fällen wäre die Einteilung in zwei Sektoren äußerst schwierig und letztlich kaum zielführend.

Dennoch, die Exportbasis-Theorie erlaubt einen zwar monokausalen, aber eben sehr anschaulichen ersten Zugang zur regionalen Entwicklungstheorie und besitzt nach wie vor erhebliche Wirkungskraft in der praktischen Wirtschaftsförderung.

2.3.2 Theorie der Langen Wellen

Jeder Wirtschaftsakteur kennt das Phänomen der zyklischen Wirtschaftsentwicklung. Wachstum verläuft nicht gleichmäßig und stetig, sondern in Wellen. Im wirtschaftspolitischen Alltag sind normalerweise die konjunkturellen Zyklen, bei denen sich Aufschwungphasen bis zur Hochkonjunktur und Abschwungphasen bis zum Konjunkturtief, manchmal gar einer Depression, abwechseln, gegenwärtig. Dabei ist zwischen den Phasen ein mehr oder weniger regelmäßiger Abstand von einigen Jahren beobachtbar.

Die Volkswirtschaftslehre hat sich umfassend mit dem Konjunkturphänomen beschäftigt. Im Grunde beschreibt die Konjunktur die Auslastung der Produktionskapazitäten. In Hochphasen sind diese stark oder sogar vollständig ausgelastet und es bestehen Anreize zur Ausweitung. In Abschwungphasen herrscht Unterauslastung vor, mit entsprechend negativen Effekten auf den Arbeitsmarkt.

In der Folge geht es allerdings um weit längere Zyklen, die so genannten Langen Wellen oder Kondratieff-Zyklen. Auslöser sind in diesem Falle sehr grundlegende Basisinnovationen. So können innovative Technologien den Ausgangspunkt für neue Industriezweige bilden, die zukünftig prägende ökonomische Bedeutung gewinnen werden. Solch herausragende Wirkungen auf Wachstum und Struktur einer Volkswirtschaft bezeichnet Christopher Freemann im Ergebnis als neues „techno-ökonomisches Paradigma", welches im Rahmen einer „Technologischen Revolutionen" das alte Paradigma ablöst (vgl. Freeman 1992, S. 133). Freeman spricht dabei von Systemen statt von einzelnen Innovationen, die ein solches Paradigma bestimmen. Denn es sind ja zumeist mehrere verschiedene Erfindungen, die am Markt als Innovation durchgesetzt werden. Sie begründen im Zusammenspiel neue Branchen, vor allem aber üben sie Einfluss auf das gesamte System aus, wie zuletzt die Informations- und Kommunikationstechnologien.

2.3 Baustein 3: Klassische regionale Entwicklungstheorien

Solche Basisinnovationen schaffen als Produktinnovationen völlig neue Märkte und Industrien, die zunächst sehr schnell wachsen. Entscheidend ist aber: Bestehende Wirtschaftszweige werden durch neuartige Prozessinnovationen tief greifend verändert, hier eröffnen sich enorme Rationalisierungschancen, mit allen strukturverändernden Konsequenzen für diese Branchen und letztlich auch die betroffenen Regionen.

Nikolai Kondratieff, nach dem die langen Wellen auch benannt sind, identifizierte ursprünglich technologische Innovation und Investition in Kapitalgüter als wichtigste Triebfedern für ökonomischen Wandel und Wachstum sowie die sinusförmigen Schwankungen, für die er einen Zeitraum von 40–60 Jahren abschätzte Kondratieff und Händeler (2013). Jede neue Welle basiert auf einer bahnbrechenden Erfindung, die eine ältere ersetzt. Es kommt zu Investitionen in die neue Technologie und einem lang anhaltenden Aufschwung. Mit der Zeit lassen die ausgelösten Wachstumskräfte nach, die Investitionen werden zurückgefahren und konzentrieren sich auf Effizienzsteigerungen in der Produktion. Erst durch eine neue Welle wird eine neue Aufschwungphase initiiert.

Entscheidend für die Popularisierung dieses Ansatzes und auch die Anreicherung mit dem zentralen Gedanken der „kreativen Zerstörung" als Auslöser von Innovationen war der Ökonom Schumpeter (1952). Dieser betont die Unternehmerrolle bei der Durchsetzung von Innovationen, allerdings durch dynamische und schöpferische Unternehmer, die nichts gemein haben mit dem Typus des „Verwalters", der den Status quo des Unternehmens zu bewahren sucht. Die innovativen Unternehmer lösen nach Schumpeter durch „neue Kombinationen" die alten ab. Den Pionieren folgen dann rasch Nachahmer bzw. weitere Unternehmer, die sich in die neuen Geschäftsfelder begeben. Dadurch sinken die Unternehmergewinne, die Bedeutung von Verbesserungsinnovationen auf dem neuen Pfad gewinnt an Bedeutung (Abb. 2.12).

Schumpeters bahnbrechenden Ausführungen zu den Themen Innovation und Imitation, die hier nicht näher behandelt werden können, griffen u. a. die Konjunkturzyklentheorien seiner Zeit auf und benannten dabei die langen Wellen als Kondratieff-Zyklen. Bis heute hatte die Theorie der langen Wellen, vor allem in Krisenzeiten, immer wieder selbst „Hochkonjunkturphasen" und es gibt stets Versuche, neue Wellen zu identifizieren und damit grundlegende Strukturveränderungen zu illustrieren.

Eine recht aktuelle Darstellung entstammt interessanterweise einer Investmentgesellschaft und trägt auf der Y-Achse Renditen als Indikator für wirtschaftliches Wachstum ab (siehe Abb. 2.12) AllianzGlobalInvestors (2012). Hier wurde von den Autoren bereits – nicht ganz unplausibel – ein 5. Kondratieff identifiziert und über einen nächsten, nämlich dann den sechsten, spekuliert. Sehr deutlich wird in der Abbildung, dass die jeweiligen Aufschwungphasen durch die genannten Basisinnovationen ausgelöst wurden. Am Anfang der Industrialisierung waren vor allem die Dampfmaschine und die Textil- und Eisenindustrie die Motoren des Wachstums und des wirtschaftlichen Wandels. Es entstanden nicht nur neue wachstumsstarke Branchen, sondern das gesamte Wirtschaftsleben wurde revolutioniert. Die Auswirkungen gingen zudem weit über die Produktion hinaus und erfassten zahlreiche Lebensbereiche der Menschen.

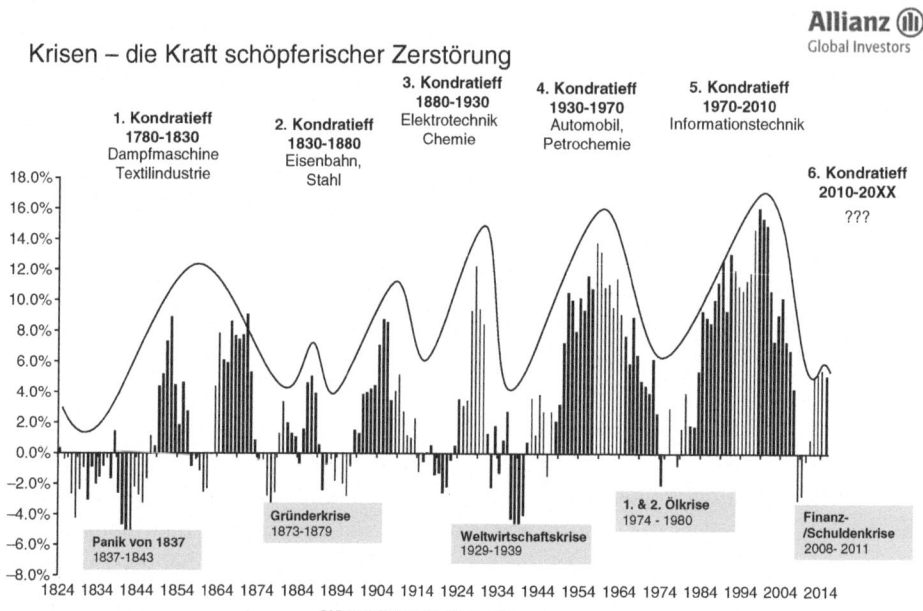

Abb. 2.12 Schöpferische Zerstörung und Kondratieff-Zyklen (AllianzGlobalInvestors 2012)

Mit der Zeit schwächen sich die Wachstumskräfte einer Basisinnovation jedoch ab, wir werden noch von einem Lebenszyklus sprechen. Nun kommt der Zeitpunkt, an dem neue Basistechnologien alte Strukturen „schöpferisch zerstören" und ein neues „technologisch-ökonomisches" Paradigma schaffen. Die neuen Träger der Basisinnovation, man würde heute vielleicht von „Leitbranchen" sprechen, verändern die Strukturen bis weit in die Gesellschaft erneut grundlegend und leiten eine nächste Phase der industriellen Entwicklung ein usw.

Dem geneigten Leser werden die starken Analogien zur aktuellen Diskussion um „Industrie 4.0" bzw. die Digitalisierung der Wirtschaft aufgefallen sein. Tatsächlich wird sehr ähnlich argumentiert. Statt eines sechsten Kondratieffs wird in der öffentlichen Diskussion allerdings derzeit viel stärker die vermeintlich vierte industrielle Revolution diskutiert. Ob „Industrie 4.0" bzw. die Digitalisierung der Wirtschaft tatsächlich als Ausgangspunkt einer neuen Welle begriffen werden muss, oder nicht vielmehr noch als Teil des 5. Kondratieff zu verstehen ist, kann an dieser Stelle nicht diskutiert, schon gar nicht abschließend geklärt werden. Festzuhalten bleibt eine gewisse Nähe der beiden Konzepte.

Aus regionalökonomischer Sicht ist festzuhalten, dass sich hier exogen Veränderung vollziehen, zunächst auf technologischer Ebene, die in alle Regionen, praktisch sämtliche Unternehmen und auch die Gesellschaft als Ganzes hineinwirken. Spannend scheint dann die Frage zu sein, ob Regionen von einem Paradigmenwechsel in besonderer Weise betroffen sind, ob sich also Tendenzen der Verlagerung und räumlichen Neuorientierung von ökonomischen Aktivitäten ergeben, die dann von der Wirtschaftsförderung beachtet werden müssten.

2.3 Baustein 3: Klassische regionale Entwicklungstheorien

In einer etwas vorsichtigeren Variante, in der er erst die 4. Welle als gesichert erwiesen sah, hat Schätzl bereits vor gut 20 Jahren in Anlehnung an Dicken genau diese räumlichen Auswirkungen auszuleuchten versucht (Liefner und Schätzl 2012). Jener Dicken hat für die Folgen eines jeden Paradigmenwechsels eine in diesem Zusammenhang zentrale Aussage getroffen (Dicken 2003, S. 89):

> „Each phase is also associated with characteristic forms of economic organization, cooperation and competition."

Bildhaft formuliert, werden mit jedem neuen Paradigma die „Karten neu gemischt", auch geografisch. Bathelt und Glückler (2012, S. 15) gehen aufgrund empirischer Beobachtungen davon aus, „dass mit der Dynamik langer Wellen auch eine grundlegende Dynamik der industriellen Standortwahl einhergeht, die dazu führt, dass sich internationale und interregionale Standortschwerpunkte mit der Abfolge der tragenden Industriesektoren verändern." Bathelt und Glückler (2012) Während einer Aufschwungphase konzentrieren sich die ökonomischen Aktivitäten zu Beginn auf wenige räumliche Zentren, die zu den innovativen Knotenpunkten und Hauptorten des neuen (weltweiten) Produktionssystems werden. Dabei entsteht global eine „charakteristische industrielle Standortstruktur" (Liefner und Schätzl 2012, S. 111) sowie eine ebenso charakteristische Vernetzung der Standorte über die Mobilität von Gütern und Produktionsfaktoren. Einige Standorte „passen" zu den neuen Anforderungen des Paradigmas und profitieren. Andere Standorte weisen weniger geeignete Merkmale auf (die vielleicht während der Vorgängerwelle die genau richtigen waren) und haben es schwer, an den neuen Wachstumskräften zu partizipieren. So verschieben sich nicht nur die Zentren des Wachstums, sondern alle Regionen sind unmittelbar oder mittelbar betroffen, wie später noch gezeigt wird (Abb. 2.13).

Dabei gehen die Auslaufprozesse der alten Wellen unterschiedlich schnell vonstatten. Nicht überall droht sogleich ein neues „Detroit".[9] Zahlreiche Unternehmen und Regionen, gerade in Deutschland, stützen ihre wirtschaftliche Entwicklung weiter auf die Basisinnovationen der dritten und vierten Welle und leben (noch?) gut damit. Ihnen ist es gelungen, neue innovative Einflüsse aufzunehmen und in ihre Produkte zu integrieren. D. h., die alten Träger des Aufschwungs vergangener Wellen werden nicht durch neue Paradigmen gänzlich ausgelöscht. Allerdings zeigten gerade die Zentren der ersten und zweiten Welle (weltweit Großbritannien, in Deutschland das Ruhrgebiet) erhebliche „Verkrustungserscheinungen" und wurden von Wachstumsregionen zu sogenannten „Altindustrieregionen", einschließlich der bereits beschriebenen Probleme. Schätzl versucht dies sogar auf

---

[9] Die nordamerikanische Stadt gilt als Symbol für den Niedergang der einst stolzen amerikanischen Automobilindustrie mit heute gravierenden Strukturproblemen und zahlreichen traurigen Zeugnissen des Wandels in Gestalt von Industriebrachen, Ruinen, massiven sozialen Problemen usw.
Detroit steht zugleich beispielhaft für viele Städte und Regionen der Welt, die, um im Kontext zu bleiben, sehr stark einer Welle verhaftet waren und denen es in keiner Weise gelang, an der Dynamik nachfolgender Wellen zu partizipieren.

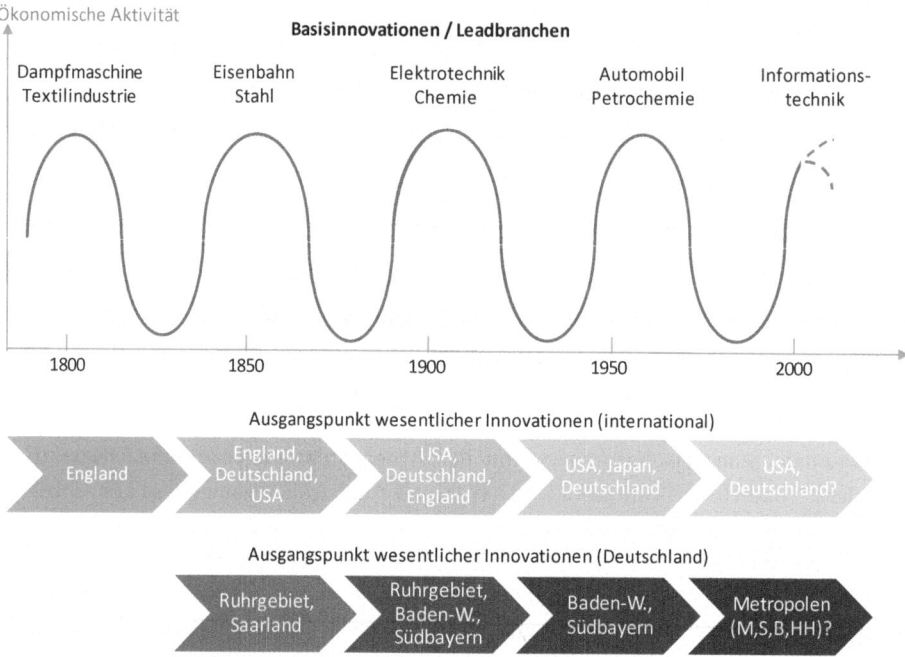

Abb. 2.13 Modell der „Langen Wellen" nach Liefner und Schätzl (2012), S. 110, mit eigenen Ergänzungen und Modifikationen

Regionen in Deutschland zu übertragen und sieht in diesem Kontext die Verlagerung der Wachstumsdynamik innerhalb Deutschlands nach Süddeutschland durch das Aufkommen des dritten und vierten Kontratieff empirisch belegbar erklärt.

Eine erweiterte und detaillierte Interpretation der Langen Wellen aus regionalökonomischer Sicht erlaubt die Übertragung des aus der Betriebswirtschaftslehre bekannten Produktlebenszyklus. Verstanden als Innovationslebenszyklus lassen sich die Mechanismen auf die Langen Wellen und ihre regionalen Auswirkungen übertragen (Abb. 2.14).[10]

In der Einführungsphase einer neuen Welle ist ein erhebliches innovatives Potenzial unabdingbar. Dazu sind Forschungs- und Entwicklungsinvestitionen im großen Maßstab erforderlich und man benötigt hoch qualifizierter Arbeitskräfte. Zunächst gibt es Anlaufverluste, die finanziert werden müssen, aber die Produktinnovationen bahnen sich langsam ihren Weg. Die Standorte, an denen durch Erfindungen (Inventionen) die Grundlagen für eine neue Welle geschaffen werden, müssen also verschiedene Voraussetzungen erfüllen, die häufig eben nur ganz spezifisch an einem Ort oder in einer Region vorliegen. Als Lohn dafür, diese Voraussetzung zu erfüllen und Inventionen in marktfähige Produktinnovationen zu überführen, winken für die Pionierunternehmen hohe Unternehmensgewinne.

---

[10] Vgl. grundlegend Abernathy und Utterback (1978).

2.3 Baustein 3: Klassische regionale Entwicklungstheorien

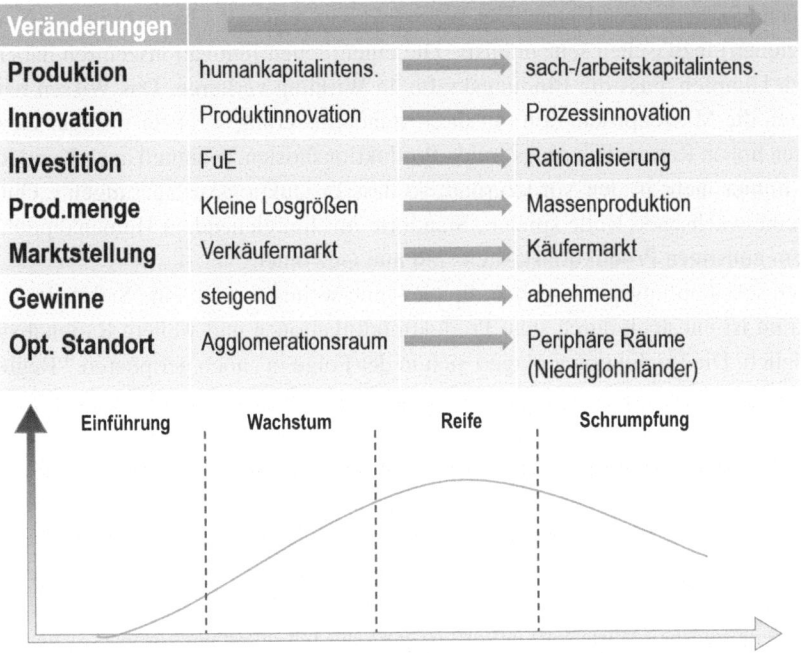

Abb. 2.14 Standortrelevante Veränderungen im Lebenszyklusverlauf einer Langen Welle

Zumindest bis zu dem Zeitpunkt, an dem Nachahmer auf den Plan treten, können Monopolrenten abgeschöpft werden, sehr zum Vorteil auch der Region.

In der Wachstumsphase schreitet die Diffusion (Verbreitung) der Innovationen massiv voran. Produktinnovation bzw. Bündel ähnlicher oder sich ergänzender Innovationen setzen sich am Markt mehr und mehr durch. Eine Eigenschaft der Basisinnovationen ist dabei, dass sie auch andere Branchen und letztlich das Leben von immer mehr Menschen in vielerlei Hinsicht verändert. Die Veränderung des Produktionssystems geschieht dann mehr und mehr auf Ebene der Prozessinnovationen. Man denke an die IuK-Technologien, die eine neue Branche und (völlig) neue Produkte schufen, dann aber zunehmend die Bürowelt, die Kommunikation, den Handel usw. veränderten. Genauer wurden Prozessinnovationen in anderen Bereichen ausgelöst, die dort die Produktion von Gütern und Dienstleistungen (radikal) veränderten und entweder zu Rationalisierung und mehr Effizienz führten oder weitere Produktinnovationen induzierten. In der Wachstumsphase bilden sich immer stärker die neuen Standortschwerpunkte heraus. Zugleich finden sich aber bald auch erste Nachahmer(regionen), die zu Wettbewerbern werden und dafür sorgen, dass immer mehr Standorte an dem Aufschwung partizipieren.

In der Lebenszykluslogik kommt es in der Reifephase endgültig zu einem Übergang in die Massenproduktion. Nun nimmt die Standardisierung enorm zu, es zeigen sich zunehmend Sättigungstendenzen. Der Wettbewerb ist durch den Neueintritt von Nachahmer(regionen) inzwischen sehr intensiv. Die eigentlichen Innovationszentren haben nun damit zu kämpfen, dass die Bindungskräfte an Wirkung verlieren. Das Wissen hat sich verbreitet, die Massenproduktion mit ihrer Standardisierung sorgt für weniger Gewinne und einen hohen Rationalisierungsdruck. Produktionskosten, eventuell auch Kundennähe rücken immer mehr in den Vordergrund, so dass Produktionsverlagerungen („Outsourcing") eine wachsende Rolle spielen. Standorte mit hinreichendem Humankapital, aber vor allem günstigen Produktionskosten sind nun Gewinner.

In der Schrumpfungsphase gehen die Gewinne weiter zurück, eine Stabilisierung der Produktion ist nur noch durch stete Produktmodifikationen und weitere Rationalisierungen möglich. Die Produktion verlagert sich in der Folge in „noch peripherere" Regionen.

An Beispielen aus den Anfängen der Industrialisierung wie etwa der Textilindustrie lässt sich ein solch idealtypischer Verlauf tatsächlich gut nachzeichnen. Ähnliches ließe sich für moderne Teilsegmente, etwa die Produktion von Unterhaltungselektronik, sagen.

Zugleich muss darauf hingewiesen werden, dass selbstverständlich nicht alle Verläufe so idealtypisch sind. Allerdings muss deswegen nicht gleich die gesamte Theorie in Frage gestellt werden. Im Falle der deutschen Automobilindustrie könnte man beispielsweise wie folgt argumentieren: Die Tatsache, dass diese Branche nach wie vor zu den Grundpfeilern der deutschen Wirtschaft gehört, liegt an der Fähigkeit neue Impulse aus den folgenden Zyklen für die eigene „Auffrischung" und Verbesserung genutzt zu haben. Und im Übrigen wären die deutschen Standorte und die dazugehörigen Zulieferbetriebe schon längst nicht mehr zu halten gewesen, wenn es nicht auch konzernintern durchweg zu massiven Verlagerungen von Produktionskapazitäten ins Ausland gekommen wäre.

Freilich darf die Theorie der Langen Wellen nicht überfrachtet werden. Auch hier gilt: Ein einfaches Modell, ein theoretisches Modell generell, wird nie in der Lage sein, ein komplexes Wirtschaftssystem in all seinen Facetten zu erklären. Zurecht wurde zudem immer wieder kritisiert, die Theorie der Langen Wellen sei rein deskriptiv, beschreibe ex post, also im Nachhinein Veränderungen, tauge also nicht für die so wichtige Prognose. Und richtig: Die Langen Wellen erklären weder, wie und warum Basisinnovationen entstehen, noch wo sie sich durchsetzen. Nicht zuletzt liegt der Theorie ein technologischer Determinismus zu Grunde, der ökonomische Entwicklung allein auf Basisinnovationen und damit (technologische) Erfindungen und deren unternehmerische Durchsetzung am Markt zurückführt. Auch wenn die Neoschumpeterianer wie der erwähnte Freeman ebenso sozio-institutionelle Aspekte einbeziehen, wird auch dort der technologische Determinismus nicht wirklich überwunden.

Die Botschaft sowohl für aktuell vermeintlich abgehängte als auch prosperierende Regionen ist dennoch klar: Exogene Schocks durch technologische Revolutionen ziehen weitreichende Veränderungen nach sich. Unternehmen und Regionen, die rechtzeitig die Herausforderungen sowie Chancen erkennen, profitieren von den neuen Spielregeln, die für Produktionsweisen und damit Standortbedingungen gelten. Unternehmen und Regionen, die sich an alte, (einst) erfolgreiche Paradigma klammern, ohne sich in jeder Hinsicht zu öffnen, stehen dagegen langfristig vor erheblichen Wachstums- und Strukturproblemen.

2.3.3 Endogene Regionalentwicklung

Eine geschlossene Theorie der endogenen Regionalentwicklung gibt es nach allgemeinem Verständnis nicht, dennoch spielt das Konzept der „endogenen Potenziale" in der Regionalentwicklung eine sehr bedeutende Rolle und ist letztlich auch hervorragend auf die Wirtschaftsförderung übertragbar. Im Kern geht es um die Aktivierung endogener Potenziale, also u. a. ökonomisches Wachstum auf Basis der in der Region vorhandenen infrastrukturellen, institutionellen und personellen Gunstfaktoren. Damit steht dieser Ansatz im Gegensatz vor allem zur Exportbasis-Theorie und einer Vielzahl weiterer Theorien, die exogene Faktoren betonen.

Hahne sieht das endogene (regionale) Entwicklungspotenzial als die „Gesamtheit der Entwicklungsmöglichkeiten einer Region im zeitlich und räumlich abgegrenzten Wirkungsbereich" (Hahne 1985, S. 52). Diese Entwicklungsmöglichkeiten hängen also von der spezifischen Ausstattung der Region mit endogenen Potenzialen ab. Hahne schlägt eine Zerlegung in Unterkategorien vor, namentlich in Kapital-, Arbeitskräfte-, Infrastruktur-, Flächen-, Umwelt-, Markt-, Entscheidungs- und soziokulturelle Potenziale (ebenda, S. 60) (Hahne 1985).

Es erschließt sich recht einfach, dass jede Region im Grunde eine unterschiedliche Ausstattung aufweist, aus der sich dann bestimmte (endogene) Entwicklungen umsetzen lassen. Zentral ist dabei: Es geht um Potenziale. Wenn also eine Region über ein hervorragendes touristisches Potenzial verfügt, oder eigentlich alle Voraussetzungen erfüllt, um energieautark zu werden, wenn eine Stadt über eine exzellent ausgestattete Hochschule verfügt oder Menschen mit stark ausgebildeter regionaler Identifikation, gar Heimatliebe, existiert dennoch kein Automatismus, dass diese wunderbaren Potenziale auch gehoben werden.

Die Aktivierung endogener Potenziale setzt nämlich folgendes voraus:

1. Überwindung von bestehenden Engpässen
   Bestimmte Potenzialfaktoren der Region sind knapper als andere und können so zum Flaschenhals werden. Diese Engpassfaktoren müssen identifiziert und möglichst – etwa durch entsprechende Investitionen – verringert werden.
2. Nutzung regionsspezifischer Fähigkeiten und Begabungen
   Gewisse Standortvorteile, Besonderheiten, im Idealfall Alleinstellungsmerkmale müssen herausgearbeitet werden. Folglich kann Spezialisierung eine geeignete Strategie sein, um Potenziale voll zu aktivieren.
3. Initiierung von regionalen Kreisläufen
   Eine weitere, allerdings nicht ganz unkritisch zu betrachtende Voraussetzung für die Aktivierung von Potenzialen ist Vernetzung und Verknüpfung von verschiedenen Potenzialen bzw. wirtschaftlichen Aktivitäten. Lokale Kreisläufe zu fördern, wo sie sich anbieten und effizient sind, macht ökonomisch und ökologisch in der Regel Sinn, Abschottung jedoch nicht.[11]

---

[11] Autarkiebestrebungen führen theoretisch und empirisch bewiesen auf Dauer zu wachsenden Wohlfahrtsverlusten und eben nicht zu Wachstum.

Aus den drei Voraussetzungen ergeben sich relativ klare strategische Handlungsempfehlungen für die Wirtschaftsförderung:

a. Nicht durch Zwang (auf kommunaler Ebene fehlt dazu glücklicherweise ohnehin die Handhabe), sondern durch Netzwerkarbeit, gezielte Ansiedlung und Bewusstseinsbildung bei den Konsumenten (regionale Marken!) kann zusätzliche Wertschöpfung in der Region generiert werden. Die Stärkung regionaler Kreisläufe ist in diesem Zusammenhang sehr relevant.
b. Alleinstellungsmerkmale bzw. Standortvorteile verhelfen nicht nur zur besseren Abschöpfung der regionalen Potenziale, sondern geben zugleich klare Hinweise für gezielte Maßnahmen, auch im Standortmarketing.
c. Die Engpässe stellen eine besondere Herausforderung dar. Ihnen kann begegnet werden, indem der entsprechende begrenzende Faktor quantitativ oder qualitativ verbessert wird. Wenn beispielsweise die Zahl der Hotelbetten zu gering ist, um das touristische Potential auszuschöpfen, können entsprechende Anstrengungen und Gespräche angestoßen werden. Eine Alternative wäre ein geringerer Verbrauch dieses Engpassfaktors, im obigen Beispiel etwa die Anpassung des Angebotes mit stärkerer Ausrichtung auf Tagesgäste. Eine letzte Möglichkeit wäre, soweit realistisch, eine Umschichtung von Überschuss- zu Engpassfaktor. Allerdings steht diese Option nur zur Verfügung, wenn die beiden Faktoren „konvertibel", also austauschbar sind. In bestimmten Bereichen des (eher ungelernten) Arbeitsmarktes ist dies vielleicht denkbar. So könnten durch Maßnahmen ungenutzte Erwerbspotenziale aktiviert oder von Arbeitsmärkten mit Überschussangebot in Teilmärkte mit Fachkräftemangel gelenkt werden. Ein Beispiel wären Umschulungsangebote, die etwa Arbeitslose für Bereiche mit noch ungedeckten Arbeitskräftebedarfen qualifizieren.

Ohne Zweifel lassen sich, wie bereits gezeigt, klare Bezüge zur Wirtschaftsförderung finden. Eine auf endogene Potenziale ausgerichtete Wirtschaftsförderung findet sich letztlich im Falle der Bestandspflege und -sicherung, während die Ansiedlungspolitik bzw. exogene Wirtschaftsförderung auf Impulse (bzw. Investitionen) von außen abzielt. Generell sollte deutlich werden, dass die Nutzung endogener Potenziale die intensive Analyse voraussetzt. Stärken und Schwächen einer Region müssen präzise identifiziert, Chancen und Risiken seriös abgeschätzt werden. Erst nach einer fundierten SWOT-Analyse können geeignete Maßnahmen entwickelt werden, um die endogenen Potenziale zu heben.

Resümee
In diesem Kapitel wurde eine Auswahl, zum Teil vermeintlich gegensätzlicher Theorien vorgestellt. Es hätten zahlreiche weitere Theorien hinzugefügt werden können, vor allem Modul 6 (Brökel, Wissens- und Innovationsgeografie in der Wirtschaftsförderung) dieser Buchreihe wird auf Ebene der Innovationen an dieser Stelle einiges ergänzen und vertiefen. Allerdings sollte deutlich geworden sein, dass sich praktische Wirtschaftsförderung durchaus an allen drei vorgestellten Ansätzen orientieren kann. Ratsam erscheint jedoch, dabei nicht ausschließlich auf ein Erklärungsmuster zu setzen.

Folglich erscheint aus Sicht der Wirtschaftsförderung ein komplementäres Verständnis der drei vorgestellten Theorien zweckmäßig: Entwicklungschancen für die eigene Region speisen sich sowohl aus Möglichkeiten der Exportbasisstrategie, vor allem, wenn entsprechende Unternehmen vorhanden sind, als auch aus den endogenen Potenzialen. Gerade ländliche periphere Regionen werden hier unbedingt alle Möglichkeiten ausloten müssen. Und selbstverständlich wirken Basisinnovationen, welche das weltweite Produktionssystem verändern, auch in der eigenen Region, bieten Chancen und Herausforderungen. Somit wird der Wirtschaftsförderer nicht auf eine theoretische Erklärung und Option setzen, sondern je nach Ausgangslage des Standortes mehrere Wege zu wirtschaftlichem Wachstum ins Auge fassen und sich dabei von dem einen oder anderen theoretischen Gedanken leiten lassen.

> **Kontroll- und Lernfragen**
>
> a. Skizzieren Sie wesentliche Elemente der Exportbasis-Theorie.
> b. Skizzieren Sie wesentliche Elemente der Lange-Wellen-Theorie.
> c. Skizzieren Sie wesentliche Elemente des Endogene-Potenziale-Ansatzes.
> d. Welche Rückschlüsse können Sie für die praktische Wirtschaftsförderung ziehen? Diskutieren Sie auch Grenzen der Übertragbarkeit bzw. Operationalisierbarkeit.

2.4 Baustein 4: Agglomerationseffekte

> **Lernziele**
> Das zentrale Thema der Regionalökonomik ist die Verteilung ökonomischer Aktivitäten im Raum. Die Beschreibung von Disparitäten ist bereits an anderen Stellen mehrfach erfolgt. Innerhalb dieses Bausteins soll es nun darum gehen, warum sich diese Aktivitäten an bestimmten Orten ballen und an anderen wiederum spärlich ausfallen. Auf Basis der vorgestellten Theorien ist der Leser in der Lage, die Verteilung selbst zu verstehen und Erklärungen dafür zu finden, warum sich in dynamischer Perspektive die eine Region stärker entwickelt, zusätzliche Wertschöpfung anzieht und die andere nicht. Dabei werden die Agglomerationseffekte in den Blick genommen und auf ihre praktische Bedeutung untersucht.

2.4.1 Der Ausgangspunkt: Marshalls Industrial Districts

Als Ausgangspunkt zur Diskussion des zentralen Themas der Agglomerationswirkungen und -kräfte wird bewusst ein Autor gewählt, der weithin als einer der bedeutendsten Ökonomen überhaupt anerkannt ist, dessen wirklich grundlegende Beiträge zur Regionalökonomie jedoch viele Jahrzehnte fast in Vergessenheit geraten waren.

Alfred Marshall (1842–1924) ist praktisch der Begründer der „Lehrbuch-VWL". Er hat unter anderem das jedem Studierenden der Volkswirtschaftslehre bekannte Angebot-Nachfrage-Modell popularisiert, Konzepte wie die Konsumentenrenten und die „ceteris paribus"-Annahme in die damals noch so bezeichnete wissenschaftliche Disziplin der Nationalökonomie eingeführt.

Die weniger beachteten Ausführungen in seinem (vor weit über hundert Jahren, nämlich in erster Ausgabe 1890 verfassten) Hauptwerk „Principles of Economics" zu den „Industrial Districts" sind allerdings die für diesen Zusammenhang wesentlichen Arbeiten.

Die Industriedistrikte untersuchte Marshall vor allem am Beispiel Sheffield, wo zahlreiche kleine Unternehmen in unmittelbarer Nachbarschaft in derselben Branche tätig waren (Herstellung von Messerwaren). Die regionale Spezialisierung auf bestimmte Marktsegmente erwies sich dabei in vielfältiger Weise als vorteilhaft. Marshall hebt den intensiven Austausch zwischen den Unternehmen hervor, und zwar sowohl derselben, als auch vor- und nachgelagerten Produktionsstufen.

Räumliche Nähe und damit Ballung gleicher oder ähnlicher ökonomischer Aktivität an einem Ort ermöglicht diesen stetigen und anregenden Austausch, eine besondere „industrielle Atmosphäre", die folgende Effekte nach sich zieht:

- spezialisierte Produktions- und Informationsnetzwerke
- Ballung von spezialisierten Zulieferern und Dienstleistern
- Akkumulation von Erfahrungswissen und besonderen Kompetenzen

Letztlich ermöglicht die „industrielle Atmosphäre" offenbar eine schnelle Anpassungsfähigkeit an zum Teil sehr individuelle Kundenbedürfnisse und lässt einen spezialisierten regionalen Arbeitsmarkt entstehen.

Tatsächlich lohnt es sich in diesem Falle einen Blick in das Original zu werfen.[12] Hier werden die wesentlichen der im nächsten Abschnitt als Externalitäten bzw. Agglomerationsvorteile beschriebenen Aspekte von Marshall sehr anschaulich herausgearbeitet: (Marshall 1920)

> „§ 3. When an industry has thus chosen a locality for itself, it is likely to stay there long: so great are the advantages which people following the same skilled trade get from near neighbourhood to one another. The mysteries of the trade become no mysteries; but are as it were in the air, and children learn many of them unconsciously. Good work is rightly appreciated, inventions and improvements in machinery, in processes and the general organization of the business have their merits promptly discussed: if one man starts a new idea, it is taken up by others and combined with suggestions of their own; and thus it becomes the source of further new ideas. And presently subsidiary trades grow up in the neighbourhood, supplying it with implements and materials, organizing its traffic, and in many ways conducing to the economy of its material.
>
> Again, the economic use of expensive machinery can sometimes be attained in a very high degree in a district in which there is a large aggregate production of the same kind, even though no individual capital employed in the trade be very large. For subsidiary industries devoting themselves each to one small branch of the process of production, and working it for a great many of their neighbours, are able to keep in constant use machinery of the most highly specialized character, and to make it pay its expenses, though its original cost may have been high, and its rate of depreciation very rapid.

---

[12] Bei der in der Folge zitierten Fassung handelt es sich um die 8. Auflage aus dem Jahre 1920, die sich als deutlich zugänglicher erweist als die Urfassung (http://www.econlib.org/library/Marshall/marP.html).

2.4 Baustein 4: Agglomerationseffekte

> IV.X.9
> Again, in all but the earliest stages of economic development a localized industry gains a great advantage from the fact that it offers a constant market for skill. Employers are apt to resort to any place where they are likely to find a good choice of workers with the special skill which they require; while men seeking employment naturally go to places where there are many employers who need such skill as theirs and where therefore it is likely to find a good market."

Im Grunde ist hier bei Marshall bereits das angesprochen, was viele Jahrzehnte später mit Begrifflichkeiten wie Agglomerationsvorteilen, Wissens-Spillover, Innovativen Milieus usw. aufgegriffen und weiterentwickelt wurde. Und die Nähe zum Clusterbegriff sei an dieser Stelle schon einmal hervorgehoben.

Nachfolgend sollen drei so genannte Externalitäten festgehalten werden, die sich aus Marshalls Ausführungen ableiten lassen, auch wenn er sie nicht explizit so benannt hat. Externalitäten oder externe Effekte sind volkswirtschaftlich betrachtet positive oder negative Auswirkungen wirtschaftlichen Handelns auf Dritte, die der Verursacher diesen aber weder in Rechnung stellt noch bezahlt. In unserem Kontext geht es um positive externe Effekte, die durch die „industrielle Atmosphäre" induziert werden:

1. Marshall spricht von einem gemeinsamen Verständnis, von Austausch und der sich gegenseitig befruchtenden Ideenfindung. Heute würde man dies als Knowledge- oder Information-Spillover bezeichnen. Diese entstehen zwischen Unternehmen, präziser zwischen den Mitarbeitern, und zwar über soziale Kontakte, sowohl innerhalb der Geschäftswelt, aber eben auch außerhalb, bei gesellschaftlichen Anlässen, in Vereinen, usw. Man trifft sich, man tauscht sich aus, und dabei werden eine Vielzahl von Informationen oder Informationsbruchstücken transportiert. Da beide „dieselbe Sprache" sprechen, fügen sich diese Gespräche zu neuen Erkenntnissen zusammen (z. B. über Markttrends, neue Produkte), am Ende ziehen beide Gesprächspartner Vorteile aus dem Gespräch und können den Markt danach besser einschätzen. Die Bedeutung der räumlichen Nähe erschließt sich sofort. Die New Yorker Wall Street oder das Silicon Valley sind populäre, weil eingängige Beispiele aus heutiger Zeit, die diesen Aspekt aktueller denn je erscheinen lassen.
2. Im zweiten Absatz des Originalzitats adressiert Marshall spezielle Inputfaktoren, die effizienter und billiger angeboten werden können, wenn sich Unternehmen einer Branche in der Region konzentrieren und die „gemeinsam" genutzt werden.
   - Beispiel Finanzmarkt Wall Street, in dessen Nähe sich Anwaltsfirmen und Softwarefirmen befinden, die nur Serviceleistungen speziell für den internationalen Finanzsektor anbieten. Dadurch erhöht und konzentriert sich die Expertise und in der Folge die Qualität und Quantität der angebotenen Beratungsleistungen.
   - Beispiel Schmuckindustrie in Pforzheim, wo zugleich Scheideanstalten, Gießereien, Galvanik- und Werkzeugfirmen vor Ort ansässig sind, aber auch eine einzigartige Ansammlung von entsprechenden hoch spezialisierten Bildungs- und Forschungseinrichtungen sowie Verbänden (u. a. Goldschmiedeschule, Hochschule Pforzheim

mit Goldschmiedeausbildung, das Schmucktechnologische Institut, Bundesverband der Schmuck- und Uhrenindustrie, usw.)
- Beispiel Automobilindustrie und die Ansiedlung externer hoch spezialisierter Dienstleister
3. Ein spezialisierter lokal vorhandener Arbeitskräftepool, der die Akquisekosten von Firmen („labor pooling") senkt. Die Marktnachfrage nach gut ausgebildeten Arbeitskräften trifft auf ein breites und passend ausgebildetes Angebot. Es fallen nur geringe Suchkosten an, denn die Fachkräfte arbeiten quasi in der Nachbarschaft bzw. werden speziell für die Branche vor Ort ausgebildet. Folglich sind Anlernzeiten in der Regel gering oder fallen ganz weg. Die Unternehmen verlieren im Vergleich zu Wettbewerbern aus anderen Regionen weniger Zeit und vermeiden im Idealfall gänzlich die Kosten für Fortbildungs- und Umschulungsmaßnahmen.

Diese drei Externalitäten führen dazu, dass Unternehmen Vorteile daraus ziehen, sich in einer Agglomeration nahe beieinander anzusiedeln. Wir können also von positiven sowie lokal beschränkten externen Effekten sprechen. Denn es verringern sich die Informationstransaktionskosten. Siedelt sich das Unternehmen in der betrachteten Agglomeration nahe anderen Unternehmen an, ist die Wahrscheinlichkeit größer

- eine nützliche Information zu erhalten,
- Speziell(st)e Güter und Dienstleistungen zu erhalten,
- bzw. spezialisierte, gut ausgebildete Arbeitskräfte zu finden.

„Industrielle Distrikte sind daher lokale Produktionssysteme von verbundenen Industrien, die wegen ihrer identischen Marktausrichtung und ihrer räumlichen Nähe zueinander externe Effekte, das heißt Lokalisationsvorteile, realisieren können." (Koschatzky 2001)

Marshall stellte bereits Ende des 19. Jahrhunderts fest, dass die von ihm identifizierten Stärken dieser Industriedistrikte nicht unangreifbar sind. Gefährdungen gehen aber nicht nur von außen in Gestalt von Wettbewerb und Innovation aus, sondern auch von innen. Ausschlaggebend für den Erfolg der Industriedistrikte sind bestimmte soziale, ökonomische und institutionelle Faktoren, die i. d. R. lokal gebunden sind. D. h. diese sind nicht einfach kopierbar und an andere Orte transferierbar. Vor allem aber betont Marshall auch das Risiko, welches im Erfolg dieser kleinteilig organisierten Strukturen liegen kann. Denn Wachstum im Sinne zunehmender Unternehmensgrößen sowie Veränderungen in den Wertschöpfungsketten durch vermehrte überregionale Verflechtungen bringen zwar Größenvorteile (und damit potenziell sinkende Stückkosten). Allerdings werden diese Größenvorteile möglicherweise überkompensiert dadurch, dass die Vorteile der „industriellen Atmosphäre" mehr und mehr verloren gehen.

2.4 Baustein 4: Agglomerationseffekte

Es darf an dieser Stelle bei allen Verdiensten Marshalls nicht verschwiegen werden, dass kritische Anmerkungen unvermeidlich sind. Denn selbstverständlich werfen die Forschungen Marshalls fast mehr neue Fragen auf als er beantworten kann. Aus Wirtschaftsfördersicht wäre die Frage zu stellen, ob und wie solche Industriellen Distrikte in ihrer Entstehung und Entwicklung unterstützt werden können. Was sind überhaupt die Bedingungen für die Entstehung? Welche Einflussmöglichkeiten gibt es an welcher Stelle? Können Erfolgsmodelle übertragen werden, d. h. liefern erfolgreiche Industrial Districts (die auch nach klarer definiert werden müssten) Blaupausen, zumindest Handlungsempfehlungen für andere Regionen?

Gerade bei letzter Frage kommen jedem erfahrenen Wirtschaftsförderer sicherlich Zweifel – wir werden dieses Thema im Kontext der Cluster wieder aufgreifen – allerdings gibt es auf diese Fragen bis heute und trotz intensiver Forschung keine eindeutigen empirischen Antworten.

Abschließend soll nochmals die große Leistung Marshalls hervorgehoben werden. Die grundsätzlichen Überlegungen Marshalls, vor allem seine drei Externalitäten, finden sich in den Theorien, die knapp hundert Jahre später neu entwickelt wurden, wieder und haben bis heute ihre Aktualität behalten.

2.4.2 Begriff und Facetten der Agglomeration

Wie bereits in Modul 1 und an anderer Stelle angesprochen, sind ökonomische Aktivitäten im Raum quantitativ und qualitativ ungleich verteilt – man spricht von Disparitäten. Diese entstehen nur zum Teil zufällig und sind überwiegend auf bestimmte Faktoren zurückzuführen, welche die Anhäufung von ökonomischer Aktivitäten (→ Agglomerationen) an einem Ort befördern. Solche Agglomerationen bieten bestimmte Vorteile, wie bei Marshall bereits klar zu erkennen war.

▶ Unter **Agglomeration** ist das räumlich konzentrierte Auftreten ökonomischer Aktivitäten zu verstehen.

In der Praxis sind Agglomerationen im ökonomischen Sinne häufig anzutreffen und spielen auf unterschiedlichen Ebenen eine Rolle: Der große Trend der weltweiten Urbanisierung kann als Agglomerationsphänomen erkannt und beschrieben werden. Seit einigen Jahren leben auf der Welt mehr Menschen in Städten als auf dem Land. Derzeit wird überwiegend davon ausgegangen, dass dieser Prozess anhält. Allerdings: Veränderte Produktionsmethoden, Präferenzen der Menschen und/oder andere Kräfte (Agglomerationskosten) können diese Entwicklung in Zukunft durchaus auch umkehren.

Agglomerationsphänomene sind jedoch auch auf anderen Ebenen zu beobachten, beispielsweise innerhalb der EU, wo starke regionale Unterschiede auch auf bestimmte Zentrum-Peripherie-Strukturen zurückzuführen sind. Aber auch weltweit gibt es Gefälle

(Nord-Süd bzw. zwischen Industrie- und Entwicklungsländern) und auch in der dynamischen Perspektive bedeutende Agglomerationsentwicklungen (etwa bedeutende Aufholprozesse insbesondere in den so genannten Schwellenländern).

Im Kontext der Wirtschaftsförderung interessieren angesichts des internationalen Standortwettbewerbes diese letztgenannten Entwicklungen durchaus, das Hauptaugenmerk liegt allerdings auf den Disparitäten auf nationaler Ebene und, mehr noch, unterhalb dieser auf regionaler und kommunaler Ebene. Natürlich wird in der öffentlichen Diskussion, u. a. im Kontext der Diskussion um den demografischen Wandel, die Abwanderung von der Peripherie, also vielen (nicht allen!) ländlichen Regionen in die metropolen Zentren um Berlin, Hamburg, München usw. betont. Regionale Disparitäten innerhalb eines Landes (Nord- und Süddeutschland, Ost- und Westdeutschland) bestimmten zudem lange den öffentlichen Diskurs. Tatsächlich erweisen sich solche Betrachtungen als deutlich zu grob, im Detail sogar als irreführend. Denn was sich vielleicht für Nord- und Süditalien noch einigermaßen generalisieren lässt, stößt für Deutschland schnell an Grenzen. Auf der einen Seite gibt es in Deutschland zahlreiche prosperierende ländliche Räume und zugleich relativ strukturschwache urbane, auf der anderen Seite zeigt die stets wiederkehrende Diskussion um den „Soli" auch, dass eine Differenzierung nach Ost- und Westdeutschland nicht annähernd ausreicht, der realen Situation in den Regionen oder Kommunen gerecht zu werden.

Wirklich differenziert, weil hinreichend kleinteilig, ist die Analyse dann, wenn sie Städte oder Teilregionen, oder besser noch einzelne Distrikte (Silicon Valley, Wall Street) in den Blick nimmt. Für bestimmte Fragestellungen kann es sogar Sinn machen, sich bis auf die Ebene von einzelnen Straßen, die von bestimmten Geschäftszweigen (Theater, Restaurants, Spezialgeschäfte) dominiert werden, zu bewegen. In der Stadtentwicklung und lokalen Wirtschaftsförderung geschieht dies nicht selten im Rahmen dezidierter Ansiedlungsstrategien, dazu später mehr.

Warum entstehen aber nun diese Agglomerationen? Im Zusammenhang mit Marshalls Industriedistrikten waren bereits drei verschiedene positive Externalitäten identifiziert worden. Solche Kräfte, die die Bildung von Agglomerationen befördern, werden wir im Weiteren auch als Zentripetalkräfte bezeichnen.

▶ **Zentripetalkräfte** unterstützen/fördern die räumliche Konzentration von ökonomischer Aktivität, also die Bildung von Agglomerationen.

Wer sich ein wenig in den metropolitanen Zentren Deutschlands und vor allem in den Megastädten der Welt umschaut, weiß allerdings, dass Agglomerationen nicht nur Vorteile bringen. Offenbar überwiegen gerade in den noch (stark) wachsenden Agglomerationen nach wie vor die Zentripetalkräfte, jedoch liegen die negativen Folgen starker Konzentration von Produktion und Menschen auf der Hand. Diese Zentrifugalkräfte wirken Zusammenballungen entgegen und sorgen so für Stagnation, Schrumpfung oder zumindest für eine gewisse Verlangsamung des Wachstums von wirtschaftlicher Aktivität und Bevölkerung an einem Ort.

2.4 Baustein 4: Agglomerationseffekte

▶ **Zentrifugalkräfte** wirken der Agglomerationsbildung entgegen, also verhindern bzw. verlangsamen diese.

Zentrifugalkräfte befördern also die dezentrale Verortung wirtschaftlicher Aktivitäten. D. h. Unternehmen entscheiden sich aufgrund bestimmter Faktoren, ihren Standort eben gerade nicht in den Agglomerationen zu suchen oder aufrechtzuhalten. Diese Zentrifugalkräfte sind direkt mit den Agglomerationsprozessen gekoppelt, verhalten sich aber nur im Ausnahmefall linear zum Wachstum. Manche entfalten erst ab einer bestimmten kritischen Masse ihre Wirkung, fast alle dieser Kräfte hängen auch von anderen Faktoren ab. Dazu gehören die Stadt- und Verkehrsplanung bzw. -entwicklung, demografischen Faktoren, Gesetze und Regierungshandeln, Traditionen, Mentalitäten usw.

Zentrifugalkräfte erwachsen zumeist aus der Konkurrenz um begrenzte Ressourcen. Ob Fachkräfte, Wohnungen, gesunde Umwelt oder sonstige Infrastruktur, Agglomeration bedeutet in der Regel die Verteuerung oder Übernutzung bestimmter Ressourcen. Beispielhaft genannt werden können:

- hohe Mietpreise in der Innenstadt
- höhere Preise für Lebensmittel in den Städten als auf dem Land, generell höhere Kosten der Lebenshaltung
- Infrastrukturengpässe (Verkehrsstaus, Parkraummangel, Wasserknappheit usw.)
- Umweltverschmutzung
- Kriminalität
- usw.

2.4.3 Agglomerationseffekte im Überblick

In der regionalökonomischen Forschung sind eine Reihe von verschiedenen Agglomerationseffekten identifiziert und beschrieben worden (Abb. 2.15). Fahrhauer und Kröll (2013, S. 112 ff.) typologisieren interne und verschiedene externe Agglomerationseffekte (Farhauer und Kröll 2013). (Unternehmens-)interne Effekte spielen sich allein innerhalb eines Unternehmens ab, bei den externen Effekten oder Externalitäten beeinflusst, wie bereits angesprochen, die Aktivität eines Marktteilnehmers den Nutzen anderer. In diesem Falle geht es um positive Effekte, die zu einer stärkeren Ballung von Aktivitäten führen.

Diese **externen Effekte** wiederum können in statische und dynamische unterschieden werden. Erstere erklären den Status quo, also warum Agglomerationen attraktive Standorte darstellen, diese Ballung existiert. Dynamisch meint, dass Veränderungen in der Zeit, in diesem Fall Wachstumsprozesse, erklärt werden.

Mit **internen Effekten** sind die unternehmensinternen Vorteile gemeint, die durch Ballung der Aktivitäten innerhalb des Unternehmens selbst entstehen. Dazu zählen insbesondere die zunehmenden bzw. steigenden Skalenerträge (economies of scale). Diese internen Skalenerträge entstehen, wenn die Kosten pro Einheit von der Größe der einzelnen Firma

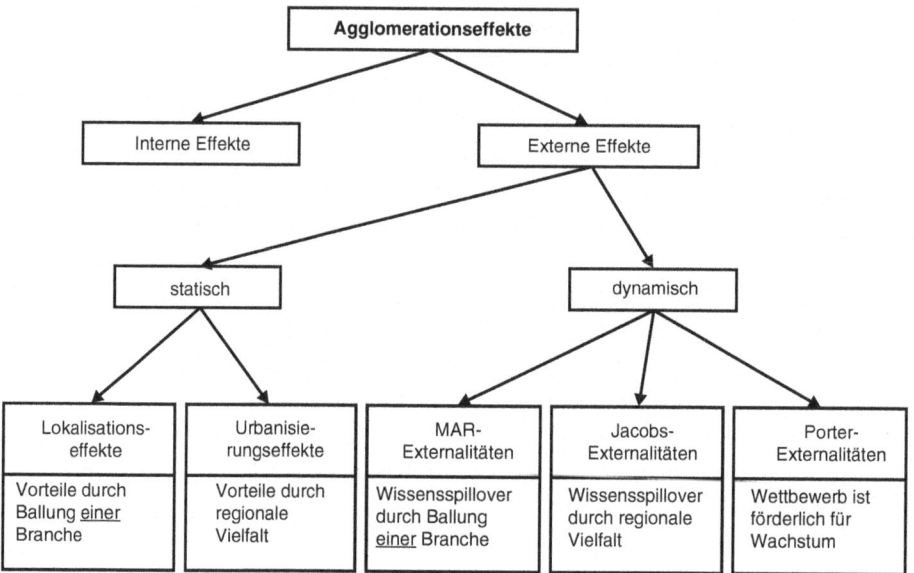

Abb. 2.15 Agglomerationseffekte in der Übersicht nach Farhauer und Kröll 2013, S. 120

abhängen. Anders formuliert: Je größer die Produktion und damit die Unternehmung, desto geringer die Durchschnittskosten. Ein solches Phänomen ist für die standardisierte Massenproduktion typisch.

Verantwortlich für interne Skalenerträge sind hohe Fixkosten, Spezialisierungsvorteile in Folge ausgeprägter Arbeitsteilung, der lohnende Einsatz von Spezialmaschinen und Lerneffekte bei den Mitarbeitern. Interne Skalenerträge führen deshalb tendenziell zu einer hohen optimalen Betriebsgröße. Nicht zwingend, aber in der Regel benötigen diese Unternehmen dann den Zugang zu großen lokalen Arbeitsmärkten. Eventuell ist eine starke Nachfrage im Umfeld ebenfalls förderlich. Somit nehmen sie ihren Standort in vorhandenen Ballungsräumen oder deren Nähe ein und verstärken diese Agglomeration durch den Zuzug und/oder das eigene Wachstum.

Die **Lokalisationseffekte** wurden bereits unter Abschn. 2.4.1 bei Marshall vorgestellt und entstehen in der Folge des Vorteils der Ballung von vielen Unternehmen einer Branche. Diese profitieren vom formellen und informellen Austausch untereinander, erhalten so Information, Zugang zu branchenspezifischen Wissen und neuen Ideen quasi aus erster Hand. Sie können gemeinsam bestimmte Inputgüter nutzen, die zum Teil nur wegen dieser Ballung von Unternehmen einer Branche ihre ganz spezifischen (und eventuell einzigartigen) Dienstleistungen anbieten und sie können auf einen ganz spezifischen Arbeitskräftepool zurückgreifen.

Warum wirtschaftliche Agglomerationen sehr häufig auch mit der Ballung von Bevölkerung einhergehen, erklären die **Urbanisierungseffekte**. Hier entsteht für die Unternehmen ein besonderer Nutzen, wenn am Standort Betriebe möglichst unterschiedlicher

2.4 Baustein 4: Agglomerationseffekte

Branchen angesiedelt sind. Dies gilt zum einen für den Arbeitsmarkt, nur in anderer Form als eben bei den Lokalisationseffekten geschildert. Denn anders als bei Marshall sind in anderen Fällen keine hoch spezialisierten Fachkräfte erforderlich bzw. können Qualifikationen aus anderen Wirtschaftsbereichen genutzt werden. Unter diesen Voraussetzungen kann die boomende Branche von der Freisetzung in anderen Branchen profitieren. Folglich zählt dann vor allem die Quantität, kurz, die Größe des Arbeitsmarktes. Zudem bedeutet die Vielzahl anderer Branchen natürlich auch die Möglichkeit, zwischen vielen Lieferanten und Dienstleistern wählen zu können. Auch kann die Diversität eventuell die notwendige Nähe zu Zulieferern und/oder Abnehmern sicherstellen und gewährleistet im anderen Falle schlicht eine höhere oder weniger schwankende lokale Nachfrage.

Aus den Erkenntnissen der Innovationsforschung heraus würde man heute hinzufügen, dass Neuerungen gerade auch im Austausch mit Firmen „benachbarter" Branchen entstehen. Viele Unternehmen kommen auf neue Produkte oder Dienstleistungen, wenn sie Problemlösungen aus anderen („Nachbar"-)Branchen für sich adaptieren. Ebenso können durch Kooperation oder Fusion mit Unternehmen anderer Branchen bislang unbekannte Güterbündel entstehen, die neue Geschäftsfelder erschließen oder zumindest die Wettbewerbsfähigkeit sichern.

Solche Überlegungen finden sich auch explizit bei den **dynamischen Agglomerationseffekten** wieder. Diese erklären die Ursachen für das Wachstum von wirtschaftlichen Agglomerationen und letztlich auch Städten. Allen drei hier vorgestellten Wirkungen ist gemein, dass sie auf die Wissensexternalitäten abstellen, den so genannten Wissens*spillover* (die gewollte und ungewollte Übertragung von Wissen zwischen den Unternehmen). Die Unterschiede der verschiedenen Ansätze liegen zum einen in der Frage, ob entweder die Ballung einer Branche zu Wissensspillover führen, die Innovationen und Wachstum induzieren oder gerade die Vielfalt verschiedener Branchen als der Erfolgsfaktor auszumachen ist. Zum anderen unterscheiden sich die Externalitätenkonzepte dahingehend, ob ihre Vertreter eher Monopolbildung oder Wettbewerb vieler Unternehmen als Triebfeder für die Umsetzung von Innovationen sehen.

Farhauer und Kröll präsentieren dabei zunächst zwei Spillovereffekte, die Glaeser et al. (1992, S. 1126 ff.) als Marshall-Arrow-Romer-Externalitäten, kurz **MAR-Externalitäten**, sowie **Jacobs-Externalitäten** bezeichneten. Bei den MAR-Externalitäten wurden Marshalls Agglomerationseffekte durch Einflüsse der Neuen Wachstumstheoretiker Arrow und Romer ergänzt. Faktisch handelt es sich damit um eine dynamische Version der Lokalisationseffekte: Konzentration von wirtschaftlichen Aktivitäten derselben Branche vor Ort erzeugen Wissensspillover, die nicht nur statisch die Existenz der Ballung erklären, sondern auch Wachstum induzieren. Bereits Marshall hatte auf die Vorteile der „besonderen industriellen Atmosphäre" hingewiesen. In der dynamischen Perspektive geht es nun darum, dass Unternehmen durch das gegenseitige Voneinanderlernen schneller innovieren und wachsen als Unternehmen anderenorts, die nicht über Vorteile aus der Branchenkonzentration verfügen. Das beliebte Beispiel des Silicon Valley veranschaulicht diese Effekte auch mit Blick auf das Wachstum sehr gut. Wie oben bereits angedeutet, schließen die Wissensspillover nicht nur den bewussten oder beabsichtigten Austausch auf Konferenzen, im Sportverein, dem Unternehmerklub usw. ein, sondern auch den ungewollten Transfer von Wissen, etwa durch den Wechsel von Mitarbeitern zum benachbarten Unternehmen.

Wichtig im Zusammenhang mit den MAR-Externalitäten ist auch, dass neue Ideen und Technologien sich zwar wie geschildert verbreiten und Wachstum anregen. Allerdings kann dies dazu führen, dass die Unternehmen in der Folge geringere Innovationsanstrengungen unternehmen, da sie davon ausgehen müssen, dass (zumindest Teile) des womöglich durch teure Forschung generierten neuen Wissens abfließen und quasi kostenlos den anderen Unternehmen zur Verfügung stehen. Daraus ergibt sich, dass Monopole bzw. die Internalisierung von ökonomischen Aktivitäten innerhalb eines oder weniger Unternehmen wachstumsfördernd wären. Voraussetzung ist, dass sich durch Wissensspillover angeregte Innovationen auch gegen schnelle Imitation schützen lassen.

Die **Jacobs-Externalitäten** stehen dem insofern diametral entgegen, als dass Jane Jacobs gerade in der Vielfältigkeit der Wirtschaftsstruktur, also durch Urbanisierungsvorteile, die geeigneten Voraussetzungen für Wachstum sieht. Durch den Zugang zu Wissen aus verschiedenen Quellen werden demnach die Branchen (und damit die Städte) zu Innovationen und stärkerem Wachstum angeregt. Wie bereits dargestellt, werden z. B. Problemlösungen aus anderen Branchen übernommen und zur Steigerung des eigenen Absatzes (→ Unternehmenswachstum) genutzt. Im Übrigen basieren die Jacobs-Externalitäten auf Wettbewerb statt auf Monopolen.

Die **Porter-Externalitäten** sind faktisch eine Kombination der beiden ersten, müssen jedoch vor allem von den MAR-Externalitäten abgegrenzt werden. Denn sie entstehen zwar ebenfalls durch intrasektorale Wissensspillover (zwischen den Unternehmen derselben Branche), Porter spricht hier von den berühmten Clustern. Er sieht aber gerade den Wettbewerb der Unternehmen als wesentlich an, widerspricht also damit dem MAR-Ansatz, dass die Monopolisierung (Sicherung der Innovationsrenten) vorteilhaft wäre. Zwar ignoriert er keineswegs die negativen Anreize für Forschungsanstrengungen, die von Wissensspillover ausgehen, er setzt allerdings die innovationsanregende Bedeutung des Wettbewerbs höher an. Nach seiner durchaus nachvollziehbaren Beobachtung wirkt die Monopolisierung selbst stärker hemmend auf weitere Forschungsanstrengungen, die Monopolrenten sind ja (zumindest eine Zeit lang) sicher. Die Konkurrenz vor der Haustür dagegen zwingt zu ständigen Innovationaktivitäten, auch wenn die Angst vor Imitation permanent gegeben ist. Und dies mit positiven (Wachstums-) Folgen für die dann in der Gesamtheit der Unternehmen hoch innovative Region (vgl. ausführlich 2.5).

2.4.4 Implikationen und empirische Evidenz

Glaeser et al. neigten 1992 in ihren empirischen Analysen der beiden ersten dynamischen Agglomerationsvorteile dazu, eher Jacobs recht zu geben (Glaeser et al. 1992, S. 1126)

2.4 Baustein 4: Agglomerationseffekte

„we find that local competition and urban variety, but not regional specialization, encourage employment growth in industries. The evidence suggests that important knowledge spillovers might be between, rather than within industries, consistent with the theories of Jacobs"

In der Folge ist bis heute immer wieder diskutiert worden, ob eher Lokalisations- oder Urbanisationsvorteile eine in der Praxis wichtige Rolle spielen. Mehr und mehr ist diese polarisierende Diskussion inzwischen einer neuen übergreifenden Sicht gewichen. So wies Porter bereits 2003 auf die Problematik der Abgrenzung von Branchen hin (Porter 2003). Er betonte, dass aus seiner Sicht die relevanten Wissensspillover für Innovation und unternehmerische Performance innerhalb von Clustern stattfinden, Cluster aber eben auch verbundene (Nachbar-)Branchen einbeziehen.

Auch Brunow und Blien kommen jüngst zu dem auf einer breiten empirischen Grundlage basierenden Ergebnis, dass sowohl Lokalisationseffekte als auch Urbanisationseffekte maßgeblich sind. Eine ihrer Schlussfolgerungen sieht im gemeinsamen bzw. parallelen Wirken den Grund, warum städtische Räume derzeit besonders profitieren.

Farhauer und Kröll richten den Blick auf Forschungsarbeiten, die unterschiedliche Branchenstrukturen in Städten untersuchen (Fahrhauser und Kröll, Kap. 4). Dabei steht zu Beginn die wenig überraschende Erkenntnis, dass in spezialisierten Städten, in denen ein Sektor dominiert, Lokalisationseffekte und MAR-Externalitäten wesentlich sind, in diversifizierten Städten hingegen Urbanisierungseffekte und Jacobs-Externalitäten. Interessanter sind dann weitergehende Betrachtungen, die den Lebenszyklus von Branchen einbeziehen. Demnach sind junge Branchen in einem vielfältigen Umfeld besser aufgehoben. Dort können sich die Unternehmen durch die Einflüsse anderer Branchen besser entwickeln, da sie sich quasi vom vielfältigen Markt der Möglichkeiten bedienen können, um Produktionsprozesse zu optimieren oder, um generell am Geschäftsmodell zu feilen. Mit zunehmender Etablierung verlassen die Unternehmen der jungen Branche dann im Idealfall die „Kinderstube", die „Nursery Cities", um im spezialisierten Umfeld von den Lokalisationseffekten und MAR-Externalitäten zu profitieren. Spezialisierte Städte bieten zudem den zusätzlichen Vorteil, dass sie nicht notwendigerweise groß sein müssen, also Zentrifugalkräfte (teure Mieten, Staus usw.) weniger ausgeprägt sind.

Außerdem kann ein dritter, tendenziell besonders produktiver Stadttyp identifiziert werden. Dort (wie auch beim Blick auf größere Gebietskulissen generell) können Unternehmen von sämtlichen Externalitäten Nutzen ziehen. Die „diversifiziert spezialisierte Stadt" ist also so etwas wie die „Eier legende Wollmilchsau" unter den Agglomerationen.

2.4.5 Innovative Milieus

Als letzter Theorieansatz in diesem Abschnitt sollen die Innovativen Milieus vorgestellt werden. Aus zweierlei Gründen: Zum einen sind Innovative Milieus ein sehr gutes Bindeglied zwischen Marshall, Agglomerationseffekten und Porters Clustertheorie. Sie knüpfen an die „Industrielle Atmosphäre" an und betonen die Bedeutung des sozio-institutionellen

Umfeldes, von Netzwerken, gemeinsamen Leitbildern und Mentalitäten. Zum anderen beziehen sie damit Aspekte ein, die durchaus relevant für die Regionalpolitik und Maßnahmen der Wirtschaftsförderung sein können.

Der Ansatz der innovativen oder kreativen Milieus[13] ist von der überwiegend französisch-schweizerischen Forschergruppe GREMI (Groupe de Recherche Européen sur les Milieux Innovateurs) entwickelt worden. Es geht auch hier um die Frage, warum einige Wirtschaftsregionen erfolgreicher sind als andere, mehr Innovationen hervorbringen sowie mehr Wachstum erzeugen. Wesentlich bei der Beantwortung ist aus Sicht der Forschergruppe die Einbettung in den regionalen Kontext. Zentral ist demnach das Vertrauen, welches auf persönlichen und informellen Netzwerken sowie einem gemeinsamen kulturellen und psychologischen Hintergrund basiert.

Ein Erfolgsfaktor der innovativen Milieus sind die ortsgebundenen lokalen Produktionssysteme, die – nicht zufällig – stark an Marshalls industrielle Distrikte erinnern. Sie fußen auf den gleichen, bereits ausführlich diskutierten Agglomerationsvorteilen. Allerdings betont GREMI bei allem Zusammenhalt auf regionaler Ebene genauso die Bedeutung der Offenheit dieses Produktionssystems. „Lokalisiert" bedeutet in ihrem Verständnis keineswegs „abgeschlossen". In einer globalisierten Welt sind selbstverständlich auch regionsgebundene Milieus über Wertschöpfungsketten mit der „Außenwelt" verwoben und offen gegenüber Anstößen von außen. Dies wird im oberen Teil der Abb. 2.16 deutlich: Die enge Verflechtung der regionalen Wirtschaft ist für das Innovative Milieu genauso charakteristisch wie die Bezüge nach außen.

Wertschöpfungsketten sind jedoch nicht die einzige Ebene im Milieuansatz. Nach der Interpretation von Bathelt und Glückler (2012, S. 256 ff.) wird das „lokalisierte Produktionssystem" um zwei wichtige Ebenen erweitert. Zunächst ist dabei die sozio-institutionelle Einbettung zu nennen. Der Vorteil der räumlichen Nähe besteht konkret im vereinfachten Zugang und Austausch von Informationen aufgrund gemeinsam geteilter Normen und Werte, Traditionen und damit dem gegenseitigen Vertrauen zwischen den regionalen Akteuren. Dies gilt keineswegs allein für die Glieder der Wertschöpfungsketten, sondern darüber hinaus. Forschungs- und Bildungseinrichtungen wird eine wesentliche Bedeutung beigemessen, weiterhin verschiedenen anderen Unternehmen aus dem Dienstleistungsbereich, aber eben auch den staatlichen Akteuren. GREMI weist den staatlichen Akteuren explizit eine stützende, beratende, vermittelnde, vor allem eine im Ideal positiv rahmengebende Rolle zu. An dieser Stelle scheint die Konkretisierung zulässig, dass einerseits eine wirtschaftsfreundliche Verwaltung, stabile (regional-)politische Verhältnisse und günstige gesetzliche Rahmenbedingungen zu Innovativität und Kreativität des regionalen Milieus beitragen und für ein günstiges Kooperationsklima förderlich sind. Andererseits darf hier aber ebenso eine aktive Wirtschaftsförderung subsummiert werden. Diese kann aktiv positive Beiträge leisten, indem sie berät, zusammenführt, Plattformen für Austausch bietet usw. Somit ist den Wirtschaftsförderinstitutionen im Rahmen des „Innovativen Milieus" eine bedeutende Rolle zuzuweisen.

---

[13] Die Übersetzung „kreative Milieus" wird von Martina Fromhold-Eisebith favorisiert, die das Konzept in Deutschland u. a. popularisiert und intensiv diskutiert hat. Vgl. z. B. Fromhold-Eisebith (1999).

2.4 Baustein 4: Agglomerationseffekte

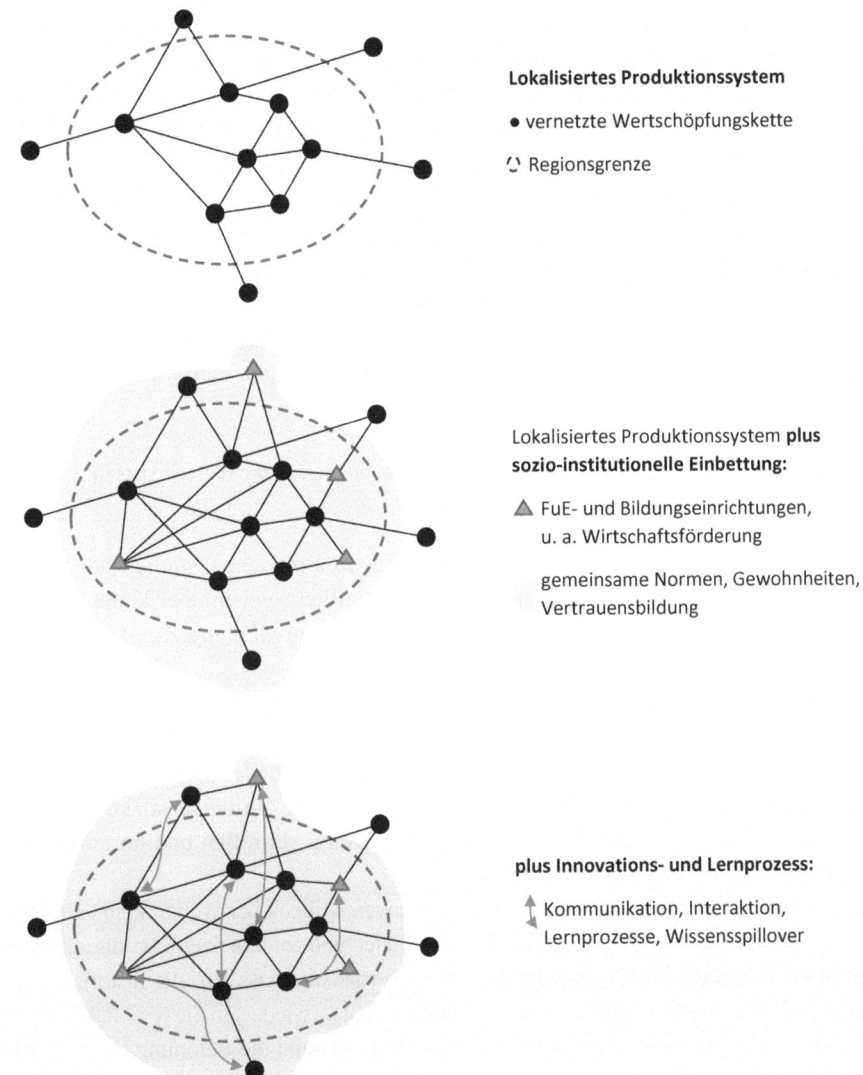

Abb. 2.16 Ebenen des innovativen Milieus, eigene Darstellung nach Bathelt und Glückler (2012, S. 257)

In einer dritten Stufe kommen zusätzlich die Lernprozesse ins Spiel. Die regionalen Akteure lernen dank der starken Einbettung und Vernetzung schnell voneinander, Wissen verbreitet sich innerhalb der Region schneller, weiteres Wissen wird von außen hinzugewonnen. Die Forschergruppe GREMI sieht hier im Resultat eine gemäß der spezifischen Ausstattung der Region besondere Spezialisierung in bestimmten Technologiebereichen. Somit ergibt sich im Zusammenspiel der Unternehmen, Wertschöpfungsketten und ihrer sozio-institutionellen Einbettung eine einzigartige und stark lokalisierte Wissensbasis, die kaum übertragbar ist und die Wettbewerbsfähigkeit dieses kreativen Milieus bestimmt.

Der das Produktionssystem umgebende Raum ist also zusammengefasst alles andere als nebensächlich oder neutral. Vielmehr ist dieses Umfeld für GREMI der wesentliche Erfolgsfaktor. Ein innovatives Milieu, das Kreativität und Innovation befördert, bedeutet ein funktionierendes, vernetztes und kooperatives Produktionssystem, welches in ein in vielfältiger Weise förderliches Umfeld eigebettet ist. „Innovationen sind Ergebnis eines kollektiven dynamischen Prozesses vieler Akteure einer Region, die ein Netzwerk synergieerzeugender Verflechtungen bilden." (Sternberg 1995, S. 199).

Es darf auch in diesem Falle nicht verschwiegen werden, dass am Milieu-Ansatz zum Teil heftige Kritik geübt wurde und wird. Michael Storper erhebt den Vorwurf der Tautologie:

> „There is a circularity: innovation occurs because of a milieu, and the milieu exists in regions where there is innovation." (Storper 1997, S. 17).

Und gewiss, der Ansatz und auch die ihm folgenden empirischen Studien beschreiben erfolgreiche Regionen ex post und zum Teil sehr detailliert, geben aber keine Auskunft über die Entstehung bzw. eventuelle Möglichkeiten, die Entwicklung zu einer erfolgreichen Region zu gestalten.

Da eine einheitliche Definition fehlt, vor allem aber die Abgrenzung unscharf ist, vielleicht sein muss, gibt es eine – positiv formuliert – vielfältige konzeptionelle Herangehensweise der Feldforschung, die gemein hat, dass sie „passende" Regionen untersucht. Sicher gibt es aber auch viele Regionen, die trotz weniger „milieuansatzkompatiblen" Strukturen, also beispielsweise mit vergleichsweise wenig vertieften und umfangreichen Akteursbeziehungen, dennoch erfolgreich sind.

Andererseits: Gleichwohl der Ansatz des Innovativen Milieus bei Weiten keine allumfassenden sowie überall anwendbaren Erklärungen bietet und zudem kaum je als alleiniger Erfolgsfaktor vermutet werden darf, ist es ihm zu verdanken, dass soziale, historische und kulturelle Aspekte – nach Ansicht des Autors sehr zu recht – (wieder) in die regionalökonomische Diskussion eingebracht wurden. Und nicht zuletzt erscheint die Betonung eines funktionierenden Institutionennetzwerkes abseits des produktiven Kernsystems gerade für den Kontext dieses Werkes sehr wertvoll. Im Übrigen ein Element, das nicht nur Porter, sondern viele weitere Regionalökonomen in ihre zeitlich nachfolgenden Studien aufgenommen haben.

2.4.6 Reflexion aus Wirtschaftsfördersicht

Eine Industrielle Atmosphäre oder Innovative Milieus können nicht durch Regionalwirtschaftspolitik oder Wirtschaftsförderung initiiert, schon gar nicht am Reißbrett entworfen oder erzwungen werden. Hier sollte die Praxis große Vorsicht walten lassen und die vorgestellten Theorien keinesfalls überinterpretieren.

2.4 Baustein 4: Agglomerationseffekte

Aber: Gerade der letzte Abschnitt hat gezeigt, dass es, wenn man sich den vorgestellten Theorien nicht verschließt, zu folgenden Ableitungen für die Praxis kommen kann:

- Wesentliche Akteure finden sich in den Produktionsnetzwerken sowie den öffentlichen Institutionen. Dies schließt sicher Forschungs- und Bildungseinrichtungen, Verwaltung, Politik, aber auch Intermediäre wie die kommunale Wirtschaftsförderung, Technologietransferstellen usw. ein.
- Wichtig sind die institutionellen Rahmenbedingungen einer Region. Das Umfeld ist nicht neutral, sondern weist spezifische Bedingungen auf.
- Institutionelle Stabilität kann zum Aufbau innovativer Netzwerke beitragen.
- Regionale Mittler bzw. Intermediäre (wie Wirtschaftsförderungsgesellschaften, Kammern, Technologietransferstellen usw.) können netzwerkbildend und -stabilisierend wirken, Kontakte herstellen, Kooperationen anbahnen, vermitteln, moderieren.

Wer sich wie Wirtschaftsförderer mit Standortfragen beschäftigt und seine Kommune oder Region strategisch entwickeln will, tut gut daran, sich außerdem der Agglomerationskräfte bewusst zu sein. Denn ein Plädoyer für Austausch und Netzwerken liefern diese allemal.

Doch ergeben sich auch konkrete Hinweise für die Ansiedlungspolitik. Interessant ist in diesem Zusammenhang beispielsweise die Frage, was nun besser für den Standort ist: die Ballung von Unternehmen gleicher oder der Mix verschiedener Branchen. Aus den MAR-Externalitäten ergibt sich auf der einen Seite die klare Empfehlung einer sektoralen Spezialisierung der regionalen Wirtschaftsstruktur. Dies erschiene schließlich aufgrund der (dynamischen) Lokalisationsvorteile wachstumsfördernd. Somit ergäbe sich folgerichtig für die Wirtschaftsförderung die Aufgabe, die Ansiedlung von Unternehmen der gleichen Branche zu fördern. Dies gilt vor allem für kleinere Städte oder eher überschaubare Agglomerationen, wo nennenswerte Urbanisierungseffekte aufgrund fehlender Größe ohnehin kaum erreichbar sind.

Die Jacobs-Externalitäten legen allerdings auf der anderen Seite das genaue Gegenteil als Orientierung für Wirtschaftsförderhandeln nahe: Hier wäre Diversifikation der Wirtschaftsstruktur gefordert, da Wissensspillover durch den Austausch über Branchengrenzen hinweg begünstigt werden. Analog zu den statischen Urbanisierungseffekten geht diese (dynamische) Betrachtung aber eben auch von einer kritischen Masse aus, die nur bei größeren Agglomerationen denkbar ist.

Wenn Jacobs-Externalitäten vermutet werden, dann bedeutet dies für die Wirtschaftsförderung, eher nicht die Konzentration zu forcieren. Da Beliebigkeit in der Ansiedlung auch keine ernsthafte Variante sein kann und außerdem nicht gewiss ist, welche Gestalt eine positiv wirkende Vielfalt denn konkret haben sollte, ginge es dann eher um die Förderung solcher Standortfaktoren, die mehr oder weniger allen Unternehmen zu Gute kommen, etwa die unternehmensnahe Infrastruktur inkl. der Forschungs- und Bildungsinfrastruktur.

Resümee

Nach der umfassenden Reflexion aus Wirtschaftsfördersicht kann das eigentliche Resümee entsprechend kurz ausfallen. Agglomerationstheorien liefern wichtige Erkenntnisse zu den Gründen für den Erfolg einzelner Städte und Regionen. Angefangen bei Marshall verstehen wir auf dieser Grundlage besser, warum die Verteilung wirtschaftlicher Aktivität so ungleich im Raum erfolgt und warum sich an einigen Orten Wachstumsprozesse einstellen und an anderen nicht. Die Bedeutung des Zusammenspiels der regionalen Akteure, die regionale Einbettung und Chancen von Regionalpolitik und Wirtschaftsförderung werden deutlich, auch wenn sie nicht als alleinige Erklärung dienen können.

Die Erkenntnisse aus der Agglomerationstheorie sollten nicht als Arbeitsanweisung für die Wirtschaftsförderpraxis verstanden werden. Es gibt kein einfaches Erfolgsrezept, etwa die Sicherheit, dass die industrielle Konzentration in einer Region entsprechende positive Wirkungen garantieren würde. So mancher Versuch in der regionalen Förder- und Industriepolitik der Vergangenheit zeigt dies eindrücklich. Dennoch schärft die inhaltliche Auseinandersetzung mit den Agglomerationstheorien die Sinne für die möglichen Effekte und Nutzen, die aus bestimmten Konstellationen für die Region gezogen werden können. Damit gehören sie zum Grundwissen und unverzichtbaren Rüstzeug einer rationalen und strategischen Wirtschaftsförderung.

Kontroll- und Lernfragen

a. Welche zentralen Erkenntnisse liefert Marshall?
b. Diskutieren Sie, warum Marshalls „industrielle Atmosphäre" durch Wachstum und Internationalisierung der beteiligten Unternehmen gefährdet sein könnte.
c. Geben Sie eine Übersicht über die verschiedenen Agglomerationseffekte.
d. Inwiefern nehmen die internen Effekte eine Sonderstellung ein?
e. Nennen Sie kurz den Unterschied zwischen statischen und dynamischen Effekten.
f. Welche statischen und dynamischen Effekte gehören von ihrer Betrachtungsweise her zusammen? Welche Agglomerationsvorteile stehen jeweils im Vordergrund?
g. Diskutieren Sie mögliche Ableitungen für die Ansiedlungspolitik.
h. Welche Aspekte werden durch den Ansatz des Innovativen Milieus vor allem eingebracht? Was bedeutet dies für die Wirtschaftsförderung?

2.5 Baustein 5: Clustertheorie nach Porter

Lernziele

Kaum ein Wirtschaftsförderer dürfte in den letzten Jahren am Begriff des Clusters vorbeigekommen sein. Der inflationäre und nicht selten auch stark simplifizierende Gebrauch des Begriffs sowie des dahinterliegenden Konzeptes lässt es sinnvoll erscheinen, sich intensiver mit dem Thema zu beschäftigen.

2.5 Baustein 5: Clustertheorie nach Porter

> Zumal Porters Theorie durchaus nützliche Hinweise für die Praxis enthält. Die Wettbewerbsfähigkeit einer Region als abhängig von mehreren definierten Faktoren zu begreifen und zu verstehen, daraus für die Ebene der Wirtschaftsförderung generelle Handlungsoptionen ableiten zu können, dürfte auch dann noch nützlich sein, wenn so manches Clusterprojekt der Praxis längst eingestellt oder umbenannt worden ist. Somit betrachtet dieser Baustein die Theorie selber und bringt dem Leser zudem nahe, welche Dinge in der Praxisumsetzung falsch gelaufen sind und warum vielerorts Ziele „im Namen des Clusters" nicht erreicht wurden.

2.5.1 Der Clusterbegriff

Der englische Begriff Cluster beschreibt eine Bündelung mehrerer gleicher Dinge. Der Harvard-Professor Michael E. Porter, so etwas wie der „Erfinder" des strategischen Managements, zugleich Unternehmens- sowie Politikberater und vieles mehr, führte unter der Bezeichnung „Cluster" eine Reihe von Ansätzen unterschiedlicher Provenienz zu einer der für die Wirtschaftsförderung einflussreichsten Theorien der letzten Jahrzehnte zusammen.

Überhaupt darf Porter als einer der schillerndsten und von der praktischen Wirtschaftspolitik am stärksten rezipierten Wissenschaftler bezeichnet werden. Tatsächlich zeichnen sich seine Beiträge dadurch aus, dass sie für den Praktiker schnell verständlich und nachvollziehbar sind. Aber auch den wissenschaftlichen Diskurs hat Porter mit seiner durch das strategische Management geprägten Sicht auf verschiedenen Ebenen befruchtet. Zu nennen ist sicherlich sein Konzept der generischen Strategien, nachdem er grundsätzlich drei unterschiedliche erfolgreiche Wettbewerbsstrategien identifiziert (Segmentierung, Differenzierung und Kostenführerschaft). Genauso erfolgreich war er mit der Popularisierung des Begriffs der Wert(schöpfungs)kette (engl. *Value Chain*), heute Bestandteil des Grundwortschatzes eines jeden Wirtschaftsförderers.

Nicht ganz so populär, aber ebenfalls im Kontext der Wirtschaftsförderung sehr nützlich (man denke an die Erstellung von Businessplänen) ist das „Fünf-Kräfte-Modell" (engl. *„Five Forces"*), anhand dessen sich Unternehmer oder solche, die es werden wollen, die Wettbewerbsmechanismen eines Marktes analysieren und damit ein tieferes Verständnis desselben entwickeln können.

Bei dem an dieser Stelle zu vertiefenden Diamantmodell als Grundlage für das Clusterkonzept geht es Porter um die Wettbewerbsfähigkeit. Ursprünglich hatte er in seinem grundlegenden Werk „The Competitive Advantage of Nations" von 1990 den weltweiten Wettbewerb zwischen den Nationalstaaten im Blick (Porter 1990). Es gibt aber keinen echten Grund, seinen Ansatz nicht auch auf Regionen zu übertragen, er selbst hat später mehrfach in diese Richtung gearbeitet (u.a. Porter 2000).

Wie angedeutet hat Porters Theorie einen stark eklektischen Charakter, d.h. er bedient sich diverser Versatzstücke etablierter Theorien aus Betriebswirtschaftslehre und Volkswirtschaftslehre, insbesondere Wettbewerbs- und Außenhandelstheorien. Und er knüpft

Abb. 2.17 Bezüge der Clustertheorie, eigene Darstellung in Anlehnung an Schuler, J. (2008), S. 23

explizit an Agglomerationstheorien an und entwickelt sie weiter. Der Leser wird Elemente von Standorttheorien entdecken, starke Bezüge zu Marshall und den „innovativen Milieus" (Abb. 2.17).

Porter verwendet den Begriff des Clusters für eine Ballung von Unternehmen, die in verschiedener Weise miteinander verbunden sind.

Cluster besitzen demnach im Allgemeinen folgende Eigenschaften:

- Firmen befinden sich in einer „gewissen" räumlichen Nähe zueinander.
- Es gibt Verbindungen (Porter spricht stets von *„linkages"*) zwischen den Unternehmen, deren Aktivitäten sich in einem bestimmten Bereich treffen oder ergänzen. Dies kann wie folgt geschehen:
  1. Firmen produzieren ähnliche, gegenseitig substituierbare oder komplementäre Güter oder Dienstleistungen.
  2. Die Existenz von gemeinsamen Zulieferern für spezialisierte Vorprodukte oder die Nutzung spezifischer Infrastruktur verbindet die Unternehmen
  3. Es bestehen Verbindungen zu verwandten und nachgeordneten Branchen bzw. Kunden
  4. Die Existenz von staatlichen oder privaten Institutionen, die Aus- und Weiterbildung, F&E und sonstige Unterstützungsleistungen anbieten oder – hier kommt die moderne Wirtschaftsförderung aktiv ins Spiel – die Unternehmen vernetzen.

Bei Porter ist das Element Wettbewerb essenziell. Cluster sind nicht nur Wertschöpfungsketten, es geht auch um die – äußerst fruchtbare – Konkurrenzsituation. Das unverzichtbare Nebeneinander von Kooperation *und* Wettbewerb wird gelegentlich in der Praxis vergessen, ist aber, wie wir sehen werden, entscheidend bei Porter (2000, S. 16).

> „Clusters are geographic concentrations of interconnected companies, specialized suppliers, service providers, firms in related industries, and associated institutions (e.g., universities, standards agencies, trade associations) in a particular field that compete but also cooperate."

2.5 Baustein 5: Clustertheorie nach Porter

Verkürzt kann an dieser Stelle festgehalten werden:

▶ Mit **Cluster** wird die räumliche Konzentration miteinander verbundener Unternehmen und Institutionen innerhalb eines bestimmten Wirtschaftszweiges bzw. einer Wertschöpfungskette beschrieben.

Wir hatten bereits Agglomeration als räumlich konzentriertes Auftreten ökonomischer Aktivitäten definiert. Somit wird deutlich, dass ein Cluster als ein Spezialfall einer Agglomeration zu verstehen ist.

Der Cluster kann und sollte neben Unternehmen vernetzter Branchen auch weitere für den Wettbewerb relevante Institutionen beinhalten. Ähnlich wie bei den „Innovativen Milieus" sind neben dem Unternehmenssektor auch Forschungseinrichtungen, Hochschulen, Kammern, Behörden, Normen setzende Instanzen etc. und deren Zusammenspiel von großer Bedeutung für die Entwicklung einer Region. Für die Wirtschaftsförderung ist dabei eine aktive und sehr vielfältige Rolle vorgesehen.

Als räumliche Zusammenballung von Menschen, Ressourcen, Ideen und Infrastruktur stellt sich ein Cluster als hoch komplexes Netzwerk mit dynamischen internen Interaktionen dar. Die räumliche Ausdehnung eines solches Netzwerkes wird sich in der Praxis nur selten an administrativen Grenzen orientieren. Die Grundüberlegung ist zwar, dass räumliche Nähe die wirtschaftliche Entwicklung sowie die Entstehung von Wissen und Innovationen fördert. Aber die räumliche Abgrenzung, die Frage nach der Einbeziehung von Partnern und anderen Akteuren innerhalb eines Clusters wird sicher nicht am Schreibtisch eines Clustermanagers oder aufgrund strategischer Überlegungen der Wirtschaftsförderung entschieden. Sie ist vielmehr Ergebnis von Wertschöpfungsketten, persönlichen und institutionellen Beziehungen und von manch ökonomischer Notwendigkeit. Insofern überrascht es nicht, dass die Theorie bei der Frage der regionalen Ausdehnung im Grunde unscharf bleiben muss.

Bevor auf das eigentliche Diamantenmodell eingegangen wird, sollen zum besseren Verständnis die verschiedenen Dimensionen eines Clusters beleuchtet werden. Dies dient vor allem dazu, eine Verkürzung des Clusterbegriffs, etwa auf eine bedeutende regionale Wertschöpfungskette, unbedingt zu vermeiden. Denn die vertikale Dimension ist nur eine von mehreren Dimensionen, jedoch erst eine vollständige Betrachtung inklusive weiterer kooperativer und kompetitiver Beziehungen ermöglicht ein umfassendes Systemverständnis von Produktion und Innovation innerhalb eines Clusters (Kiese 2008). Einen Überblick über die verschiedenen Dimensionen bietet Abb. 2.18.

Abb. 2.18 Dimensionen eines Clusters, eigene Darstellung

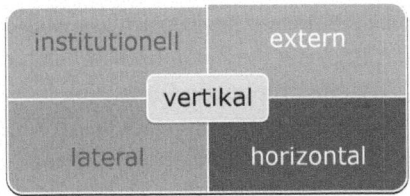

Die **vertikale Dimension** meint die Konzentration vor- und nachgelagerter Produktionsstufen entlang der Wertschöpfungskette. Differenzierte Hersteller-Zulieferbeziehungen charakterisieren moderne Wertschöpfungsketten, für die Wachstumsdynamik eines Clusters kann die vertikale Dimension darüber hinaus besondere Wirkung entfalten. Sobald sich nämlich ein spezifisches industrielles Cluster herausbildet, besteht für Zulieferer, Abnehmer und Dienstleister der Anreiz, sich in derselben Region niederzulassen, um Agglomerationsvorteile auszuschöpfen. Nähe zwischen Zulieferern und Herstellern ermöglicht dabei nicht nur Kostenvorteile durch Skalenerträge und geringeren Transportkosten. In Zeiten von *just-in-time*-Produktion ist Lieferschnelligkeit und Flexibilität für Zulieferer ein essenzieller Wettbewerbsfaktor und deshalb von ebenso zentraler Bedeutung. Und nicht zuletzt kann im Sinne Marshalls konstatiert werden, dass die Ballung von spezialisierten Zulieferern und Dienstleistern zur Herausbildung der spezialisierte Idee- und Informationsnetzwerke und generell zur Akkumulation von Erfahrungswissen und spezifischen Kompetenzen an einem Ort beiträgt. Dies schließt einen entsprechend spezialisierten Arbeitsmarkt ein.

Die **horizontale Dimension** beschreibt die gleichzeitige Präsenz von Unternehmen, die in Konkurrenz stehen. Sie bieten Dienstleistungen oder Sachgüter an, die gleiche oder ähnliche Märkte bedienen. Vielleicht unterhalten die Wettbewerber sogar engere Kontakte untereinander, dies ist aber gar nicht zwingend notwendig. Denn es reicht bereits die räumliche Nähe zueinander, um die folgenden Effekte zu erzielen: Zum einen haben die lokalen Unternehmen unter diesen Bedingungen die Möglichkeit, sich einfacher und schneller über Strategien, Produkte oder Produktionsbedingungen ihrer Wettbewerber zu informieren. Zum anderen reizt die unmittelbare Nachbarschaft zum Konkurrenten regelmäßig dazu an, eigene Innovationaktivitäten zu erhöhen, um im direkten Vergleich Wettbewerbsvorteile zu erreichen oder abzusichern. Beides befördert letztlich die Wettbewerbsfähigkeit aller Unternehmen in der Region. Und beides wird durch räumliche Nähe ermöglicht oder zumindest erheblich erleichtert.

Die **externe Dimension** drückt aus, dass die Offenheit eines Clusters nach außen von substanzieller Bedeutung ist. Dies gilt zunächst für die Unternehmen, die überregionale oder gar weltweite Märkte bedienen und allein dadurch in ihren Aktivitäten nicht auf die lokale oder regionale Ebene beschränkt sind. Externe Dimension meint jedoch auch generell die Vermeidung von Abschottungstendenzen und Erstarrung, die zu einem sogenannten „lock in" führen könnten. Offenheit nach außen ist für die Innovationsfähigkeit der Unternehmen vor Ort essenziell. Bei aller Bedeutung der regionalen Netzwerke und der positiven Effekte, die hier erzielt werden können: Neue Impulse von außen, Trends, Forschungsergebnisse und Innovationen dürfen nicht übersehen oder unterschätzt werden. Offenheit ist somit grundlegend für den Erhalt der Anpassungs- und Wettbewerbsfähigkeit eines Clusters. Eine Vernachlässigung der externen Dimension wäre dagegen hoch riskant mit Blick auf die Zukunftschancen einer Region.

Die **institutionelle Dimension** bezieht sich darauf, dass regionale Konzentrationsprozesse mit der Bildung eines spezifischen Regel- und Normensystems einhergehen. Sehr weitgehend teilen die Clusterakteure dieselben bzw. sich ergänzende Vorstellungen und

Arbeitswerte, so dass sich feste Beziehungen und Konventionen bilden, welche die Grundlage für Verlässlichkeit und Vertrauen in die gegenseitige Leistungsfähigkeit sind. Auch diese Dimension zeigt erhebliche Anleihen des „Innovative Milieu"-Ansatzes. Die meisten Autoren, so auch Bathelt und Glückler (2012, S. 263), subsummieren hier u. a. auch Ausbildungs- und Wirtschaftsfördereinrichtungen. Kiese (2008) dagegen schlägt eine weitere, fünfte Dimension vor (Kiese 2008). Diese diagonale oder **laterale Dimension** würde dann in Abgrenzung zu den regional etablierten Werten und Normen die institutionellen Akteure, also Wirtschaftsförder-, Forschungs- und Ausbildungseinrichtungen, Kammern, Verbände, Banken und Sparkassen sowie andere Dienstleister umfassen und deren Austauschbeziehungen mit den Unternehmen gesondert betrachten.

2.5.2 Der Portersche Diamant

Porter analysiert in seinem Diamantenmodell ursprünglich die mikroökonomischen Faktoren, die die internationale Wettbewerbsfähigkeit eines Landes in bestimmten Branchen determinieren.[14] Ein Land wird dann erfolgreich in Branchen sein, für die der „Diamant" günstig ausgeprägt ist. Dabei wird Wettbewerbsfähigkeit durch Produktivität bedingt und diese ist direkt für die Entstehung von Wohlstand und einem hohen Lebensstandard verantwortlich.

Porter setzt vier Faktoren in Beziehung, die in seinem so genannten Diamantenmodell für die Wettbewerbsfähigkeit des Landes oder Region verantwortlich sind. Dieses Bild vom Diamanten kann so interpretiert werden, dass alle vier Facetten, namentlich Faktorbedingungen, Firmenstrategien und Wettbewerb, Nachfragebedingungen sowie verwandte und unterstützende Branchen, herausragend beschaffen („geschliffen") sein müssen, damit der Diamant in seinem vollen Glanze erstrahlen kann. Dies bedeutet weniger bildhaft gesprochen, dass das Land/die Region über ein hoch wettbewerbsfähiges Cluster verfügt, welches entsprechend für Wachstum und Wohlfahrt sorgt.

Bevor auf die einzelnen Determinanten eingegangen wird, ist ein Detail der Darstellung (Abb. 2.19) hervorzuheben. Bei den Pfeilen, die zwischen den einzelnen Faktoren in beide Richtungen weisen, handelt es sich um einen Porter besonders wichtigen Aspekt: Denn sind alle vier Bedingungen in bestimmter Weise erfüllt, wirken sie jeweils in erheblicher Weise auf die anderen. Porter spricht hier von einem *„mutual reinforcement"*, also einer wechselseitigen Verstärkung der verschiedenen Determinanten.

---

[14] Die weiteren Ausführungen in diesem Unterabschnitt halten sich eng an Porters Grundwerk "The Competitive Advantage of Nations" Porter, Michael E. (1990). Einzig der räumliche Bezug auf die Nation bzw. das Land wird hier bereits durch die Ergänzung der „Region" relativiert. Porter selbst gibt in seinen späteren Werken seinen ursprünglichen Fokus auf die Wettbewerbsfähigkeit von Nationen auf und bevorzugt selbst den – allerdings unscharfen – Begriff der Region (vgl. Porter 2003).

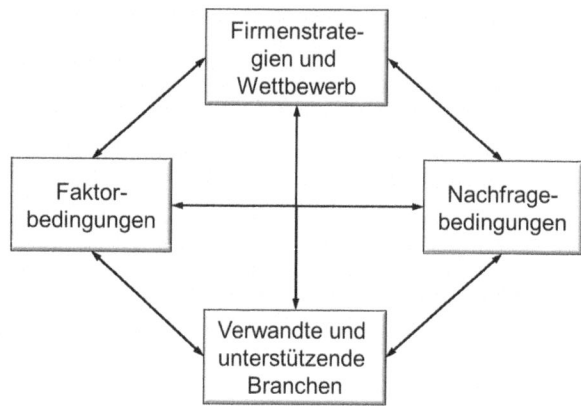

Abb. 2.19 Das einfache Diamantenmodel. Nach Porter (1990), S. 72

Beispielhaft nennt er die japanische Automobilindustrie. Dort beobachtete er günstige Nachfragebedingungen, die zu qualitativ hochwertigen Produkten führten, einen starken Wettbewerb innerhalb diverser Hersteller, ausgezeichnete Facharbeiterqualität und ausgefeilte Wertschöpfungsketten. Quasi alle Aspekte verstärkten sich gegenseitig positiv. Freilich ist genauso eine Negativentwicklung denkbar. Das bereits vor Porter mehrfach in der empirischen Wirtschaftsforschung angeführte Beispiel der Schweizer Uhrenindustrie dokumentierte aus seiner Sicht die Möglichkeit negativer gegenseitiger Verstärkung mit der Folge eines Niedergangs.[15]

Nun aber zu den vier Determinanten im Porterschen Diamantgrundmodell:

Die **Faktorbedingungen** knüpfen an klassische Außenhandelstheorien an. Porter übernimmt hier als eine Determinante seines Diamanten die Ausstattung mit Produktionsfaktoren als wesentlich – allerdings nicht allein erklärend – für die Wettbewerbsfähigkeit. Die Produktionsfaktoren basieren auf den physischen Bedingungen eines Landes (z. B. Bodenschätze, Klima, geografische Lage), dazu gehören allerdings genauso das Human- und Finanzkapital sowie Sachkapital, darunter etwa die Infrastruktur.

Anders als im Falle der klassischen Außenhandelstheorie sind die Faktorbedingungen bei Porter nur eine von vier Facetten, die die Wettbewerbsfähigkeit eines Landes (respektive einer Region) bestimmen. Zudem betont er, dass nicht allein die quantitativ gute Ausstattung mit Produktionsfaktoren ausreicht. Es kommt auch darauf an, dass die Faktoren qualitativ gut sind und nicht zuletzt auch effizient und effektiv eingesetzt werden können. Ein Beispiel: Gut ausgebildete Fachkräfte stellen ein hervorragendes Potenzial dar. Aber wenn sie nicht, oder nicht an der richtigen Stelle, eingesetzt werden, bleiben die Faktorbedingungen an dieser Stelle unterhalb des Möglichen. Hier gibt es eine interessante

---

[15] Wobei anzufügen ist, dass genau dieses Beispiel angesichts des imposanten Comebacks der Schweizer Uhrenindustrie seit Mitte der 1990er-Jahre verdeutlicht, dass Branchenentwicklung nicht nur in eine Richtung verlaufen muss und dass es durchaus Chancen der Revitalisierung von schrumpfenden Clustern gibt.

2.5 Baustein 5: Clustertheorie nach Porter

Anschlussfähigkeit an die bereits vorgestellte endogene Regionalentwicklung und der Frage, wie endogene Potenziale nicht nur identifiziert, sondern auch ausgeschöpft werden können (Baustein 2.3.3 siehe Abschn. 2.3.3). Vor allem aber gibt Porter damit eine erste grundsätzliche Antwort für die auch in der Wirtschaftsförderpraxis oft gestellte Frage, warum Regionen mit ursprünglich ähnlichen Ausstattungsmerkmalen doch so unterschiedliche Entwicklungen nehmen können.

Porter betont ebenfalls, dass die Faktormobilität beachtet werden muss. Produktionsbedingungen sind gerade in Zeiten der Globalisierung nicht unveränderlich. Einzelne Faktoren wie das Finanzkapital, aber auch viele Fachkräfte sind mobil, so dass sich eine gegebene Faktorausstattung durch Abwanderung (umgekehrt natürlich auch durch erfolgreiche Attrahierung) rasch verändern kann. Für die praktische Wirtschaftsförderung ist der Aspekt der Faktormobilität freilich mehr als geläufig. Der Wettbewerb um Investitionen und immer mehr um Fachkräfte ist hier tägliches Geschäft.

Die Faktorbedingungen können nach Porter aber auch in anderer Weise differenziert werden. So schlägt er vor, die Faktoren danach zu unterscheiden, ob es sich um **Basisfaktoren** oder **fortgeschrittene Faktoren** handelt. Die Basisfaktoren sind quasi naturgegeben und erfordern i. d. R. kaum Investitionskapital, z. B. natürliche Ressourcen oder die bloße Zahl an Arbeitskräften. Fortgeschrittene Faktoren gehen auf erhebliche Anstrengungen und Investments zurück, sind wie im Falle von Humankapital in Gestalt von hoch qualifizierten Arbeitnehmern das Ergebnis eines leistungsfähigen Bildungssystems. Neben dem natürlich nicht erst von Porter als zentral für die wirtschaftliche Entwicklung identifizierte Bildungssystem gehören materielle und immaterielle Infrastruktur wie Transport- und Verkehrssysteme, Kommunikationsstrukturen und Einrichtungen der Forschung und Entwicklung (F&E) zu den fortgeschrittenen Faktoren.

Dabei stehen beide Arten von Faktoren nicht einfach nebeneinander. Tatsächlich bauen die fortgeschrittenen nicht selten auf den Basisfaktoren auf. In der Entwicklungsgeschichte von Nationen oder Regionen ist dies gut nachvollziehbar, etwa, wenn es in vielen Fällen heutiger Industrienationen gelang, den Übergang vom einfachen Rohstoffexport zum Standort für eine ganze Wertschöpfungskette bis zum Endprodukt zu gestalten. Statt beispielsweise allein das Eisenerz zu exportieren, wurden die Roheisenerzeugung und weitere Stufen der Weiterverarbeitung und Veredelung entwickelt und die Wirtschaft vor Ort entsprechend ausgebaut. Dazu war zuvor in der Regel die kombinierte und sinnvoll abgestimmte Investition in Bildung, Infrastruktur und Innovation notwendig. Allerdings mit einer im Ergebnis deutlich ausgebauten regionalen und nationalen Wertschöpfung, geringerer Abhängigkeit von Weltmarktschwankungen sowie einer erhöhten Diversität und Wettbewerbsfähigkeit.

Porter differenziert weiterhin so genannte **generalisierte** Faktoren oder **spezialisierte** Faktoren. „Generalisiert" bedeutet in diesem Zusammenhang, dass diese Faktoren mehr oder weniger für alle Unternehmen zur Verfügung stehen (z. B. gut ausgebautes Autobahnnetz). *Specialized factors* meint dagegen, dass die Faktoren auf die spezifischen Erfordernisse des Clusters zugeschnitten sind und im Idealfall dessen weltweite Alleinstellung begründen. Porter nennt als Beispiele ein optisches Forschungsinstitut oder ein speziell ausgerichteter Fond für Risikokapital. Beides kann in bestimmten Konstellationen der ausschlaggebende Faktor für mehr Wettbewerbsfähigkeit eines Clusters sein. Zur Veranschaulichung betrachtet Porter in diesem Zusammenhang außerdem den Länderfall Dänemark. Dort hatten sich seinerzeit zwei Kliniken auf die Behandlung und Erforschung von Diabetes spezialisiert. Hierdurch wurde spezielles Wissen aufgebaut, welches zur Grundlage für die spätere internationale Spitzenstellung Dänemarks in der Insulinproduktion werden sollte. Aus der Wirtschaftsförderpraxis in Deutschland ließen sich sicher zahlreiche Beispiele finden, um Porter zu ergänzen. Man denke etwa an die Stärke agroindustrieller Cluster in ehemals rein landwirtschaftlich geprägten Regionen. Dabei geht es nicht nur um Weiterverarbeitung und Veredelung (*advanced factors*), sondern immer mehr um hoch innovative und spezialisierte Mittelständler, die die ganze Welt mit moderner Agrartechnologie ausrüsten und erhebliche Wertschöpfung erzeugen.

Porters Credo kann im Bereich der Faktorbedingungen auf folgende Formel verdichtet werden: „Ein Land hat eine hohe Wettbewerbsfähigkeit in einem Bereich, wenn es Faktoren besitzt, die fortgeschritten und spezialisiert sind." Gerade die spezialisierten Faktoren sind geeignet, sich dem harten internationalen Preiswettbewerb zu entziehen. Sie sind besonders, eventuell weltweit einzigartig und nicht selten schwer imitierbar und sichern so die Wettbewerbsposition. Freilich heißt dies nicht, man könne sich auf diesen spezialisierten Faktoren „ausruhen". Porter betont die Notwendigkeit kontinuierlicher Investitionen in die fortgeschrittenen und spezialisierten Faktoren, da diese eben entscheidend für die Wettbewerbsfähigkeit seien. Angesichts fortwährender Diskussionen in Deutschland um mehr Investitionen, z. B. in Bildung, ein hoch aktueller Aspekt.

Ebenso hervorzuheben sind seine auf den ersten Blick vielleicht irritierenden Einlassungen zu dem Umstand, wenn es an bestimmten Produktionsfaktoren mangelt. Dann nämlich sieht Porter die Möglichkeit, dass durch erfolgreiche Bemühungen eines Landes oder einer Region, diesen Mangel zu kompensieren, sogar eine noch höhere Wettbewerbsfähigkeit erreicht werden kann. Der Nachteil oder Mangel eines – allerdings eher einfachen – Produktionsfaktors kann demnach die Quelle für Innovationen sein, während der Überfluss eines Produktionsfaktors die Innovationsbereitschaft möglicherweise hemmt. Letzteres ist tatsächlich in rohstoffreichen Ländern zu beobachten, wo große Erdöl- oder andere Rohstoffvorkommen Anstrengungen zur Entwicklung fortgeschrittener oder spezialisierter Produktionsfaktoren nicht selten blockieren. Billige Rohstoffe und Arbeitskräfte bieten eben weniger Anreize für Effizienzsteigerung oder alternative Problemlösungen.

Umgekehrt zeigen historische Beispiele, dass ungünstige Faktorbedingungen durchaus positive Wirkungen entfalteten, weil sie zu Innovationssprüngen anregten. Der Mangel an natürlichem Indigo in Deutschland führte dazu, dass deutsche Firmen die synthetische Herstellung von Indigofarbstoffen erforschten und Ende des 19. Jahrhunderts die Produktion aufnahmen. Dagegen bezog Großbritannien Indigo billig aus indischen Kolonien, hatte also keinen Anreiz zu forschen. Nach kurzer Zeit verdrängte der synthetische Farbstoff den natürlichen vom Markt. Deutschland wurde Marktführer im Farbenbereich, Großbritannien fiel in diesem Feld ab. Ein weiteres Beispiel sind Agrarprodukte aus den Niederlanden. Porter nennt konkret die international erfolgreiche Schnittblumenindustrie, die

2.5 Baustein 5: Clustertheorie nach Porter

trotz ungünstiger klimatischer Bedingungen und dank der Entwicklung von innovativen Techniken (z. B. Treibhäusern, Fortschritten bei Zucht, Gefriertechnik und Versand) zu großem Erfolg kam.

Eine weitere Determinante des Diamanten sind die **Nachfragebedingungen**. Auch hier lohnt sich die genaue, nicht gleich unmittelbar eingängige Betrachtung. Die lokale Nachfrage besitzt nach Porter insofern einen großen Einfluss, weil sie den Produzenten die Bedürfnisse der Kunden nahebringt und schnelle und eindeutige Signale vermitteln kann. Anspruchsvolle Nachfrager im eigenen Land oder der eigenen Region zwingen die Produzenten zu schnellen Innovationen. Dies ist zunächst mühsam und anstrengend für die Unternehmen. Allerdings resultieren auf dem Weltmarkt handfeste Vorteile gegenüber der ausländischen Konkurrenz, vor allem wenn es um Qualitätsprodukte geht. Wenn die lokale Nachfrage die höchsten Nachfrageansprüche anderer Länder vorwegnimmt, erhöht dies den Vorteil im internationalen Qualitätswettbewerb.

Porter nennt als Beispiel die Fotografie in Japan. Diese ist dort sehr beliebt und die Japaner sind anspruchsvolle Kunden in diesem Bereich. Dies sah Porter seinerzeit als Grund, warum Japan zu den führenden Produzenten von Fotokameras gehörte. Italien exportiert nach Porter erfolgreich hochwertige Kleidung und Schuhe, weil die italienischen Nachfrager hohe Ansprüche in diesem Bereich besitzen. Die italienische Modeindustrie musste auf diese Ansprüche eingehen und baute so ihre führende internationale Wettbewerbsposition aus. Für Deutschland ließen sich in vielen Feldern analog die hohen Qualitätsansprüche im Binnenmarkt anführen, die dann auf dem Weltmarkt das berühmte „made in Germany" als Markenzeichen festigten. Sicherlich ist die davon abgeleitete Tradition eines ausgefeilten deutschen Normungswesens ebenfalls historisch ein großes Plus im Wettbewerb gewesen.

Im Übrigen kann außerdem die schlichte Größe des Binnenmarktes eine vorteilhafte Nachfragebedingung darstellen. Schließlich lassen sich auf einem großen Inlandsmarkt schneller Fixkostendegressionsvorteile realisieren. Dieses Argument Porters ist zwar ein eher auf Nationalstaaten anwendbare Facette des Diamanten. Allerdings ist es auch für Unternehmen eines stark regional konzentrierten deutschen Clusters durchaus ein Vorteil, für einen großen nationalen Markt produzieren zu können, bevor erstmalig ein Auslandsengagement eingegangen wird.

Verwandte und unterstützende Branchen bilden die dritte Determinante. Unterstützende Branchen, die der eigentlichen Branche vorgelagert sind, also Zulieferer, spielen eine wichtige Rolle für die Wettbewerbsfähigkeit eines Landes (oder einer Region). Wenn ein enger Austausch zwischen den Abnehmern und Zulieferern stattfindet (z. B. über Arbeitskräfte, Forschung, Marktinformationen, etc.), profitieren beide davon durch einen kontinuierlichen Prozess der Innovation und Verbesserung (siehe „vertikale Dimension").

Verwandte Branchen können bestimmte Aktivitäten teilen oder Technologien gemeinsam nutzen. Durch ähnliche Marktanforderungen und technische Problemlösungen sind zudem fruchtbare Austauschbeziehungen und Spillovereffekte möglich wie wir sie bereits im Zusammenhang mit den Agglomerationskräften diskutiert haben. Somit besitzen viele Länder Wettbewerbsvorteile in verwandten Branchen, weil ein Wettbewerbsvorteil in einer

Branche die Wettbewerbsstärke in den verwandten Branchen verbessert. Porter nennt als Beispiel erneut Japan, welches sowohl im Kamera- als auch im Kopiergerätebereich eine starke internationale Marktposition innehat.

Firmenstrategien und- strukturen stellen zusammen mit dem **nationalen Wettbewerb** die vierte Determinante dar. Denn z. B. Firmenhierarchien, Managementkonzepte, Unternehmensgrößen und der Bildungshintergrund der Führungskräfte sind international und regional unterschiedlich ausgeprägt. Diese besondere Ausprägung kann je nach Branche Vor- oder Nachteile mit sich bringen. Wichtig in diesem Zusammenhang sind u. a. die Ziele der Unternehmenseigner aber auch der Arbeitnehmer, auch das Miteinander der Tarifparteien. Aus deutscher Sicht kann sicherlich der deutsche Mittelstand mit seinen häufig immer noch eher langfristig und konsensorientierten Familienunternehmen als Erfolgsmodell in diesem Kontext genannt werden.

Die zweite Komponente dieser vierten Determinante in Porters Diamantenmodell betrifft die nationale oder regionale Konkurrenzsituation. Ein **ausgeprägter nationaler Wettbewerb** in einer Branche führt nach Porter zum ständigen Innovations- und Verbesserungsdruck und somit zum Entstehen international wettbewerbsfähiger Unternehmen. Dies ist ein zentraler Punkt bei Porter, der nicht vergessen werden darf (Porter 1990, S. 83):

„The more localized the rivalry, the more intense. And the more intense, the better."

Jedes Land, jede Region weist eine spezifische Ausprägung des Diamanten aus. Wettbewerbsfähige Cluster können sich auf alle vier Faktoren des Diamantenmodells stützen. Nicht so wettbewerbsfähige Cluster dagegen stützen sich meist nur auf einzelne Faktorbedingungen, z. B. günstige Arbeitskräfte oder Zugang zu Rohstoffen, verfügen jedoch zugleich über Schwächen, etwa im Bereich der verwandten und unterstützenden Branchen.

Die Determinanten beeinflussen sich dabei untereinander. Stärken bei einer Determinante können zur besseren Ausprägung einer anderen beitragen. Exemplarisch seien die Einflüsse auf die Faktorbedingungen betrachtet. Stärken in der Firmenstrategie und hoher Wettbewerb innerhalb des Clusters dürfte die Faktorbildung anschieben. Die Unternehmen werden sich womöglich eher an Ausbildungspakten oder an Bildungsoffensiven beteiligen, um mehr Fachkräfte zu erhalten. Eine anspruchsvolle Nachfrage auf dem Heimatmarkt dürfte zusätzlich entsprechende Investitionen bei den Faktorbedingungen fördern. Starke verwandte und unterstützende Branchen befördern die Schaffung und den Ausbau von übertragbaren Faktoren. Analog sind solche Einflüsse auch für die anderen Determinanten denkbar. Im Grunde bietet bereits das einfache Modell von Porter zahlreiche Ansatzpunkte für konkrete strategische Ansätze, auch in der Wirtschaftsförderung.

2.5.3 Das erweiterte Diamantenmodell

In einem erweiterten Modell sieht Porter noch zusätzliche externe Einflüsse auf den Diamanten. Dies ist unserem Kontext besonders wichtig, da er als einen der weiteren Einflussfaktoren den Staat identifiziert (Abb. 2.20). Dieser kann durch sein Eingreifen jede der

2.5 Baustein 5: Clustertheorie nach Porter

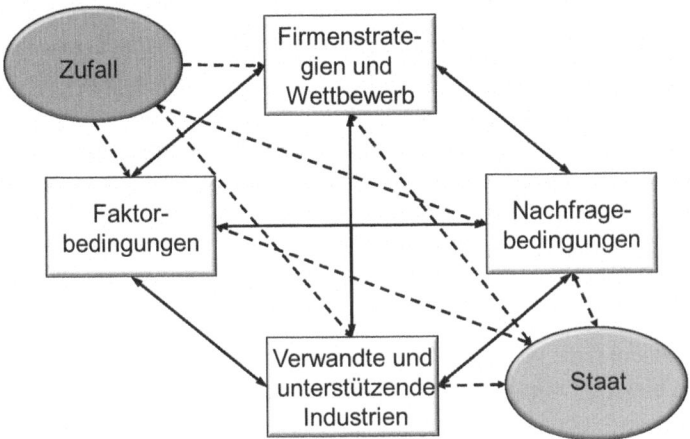

Abb. 2.20 Das erweiterte Diamantenmodel. Nach Porter (1990), eigene Darstellung

beschriebenen Facetten des Diamanten verändern – zum Vor- oder zum Nachteil. Er kann dies tun als Gesetzgeber, durch Bildungsangebote usw. oder eben durch seine Wirtschaftspolitik bis hin zu Wirtschaftsförderaktivitäten vor Ort.

Somit verfügt der Staat über erhebliches Steuerungspotenzial. Dagegen ist die weitere neue Größe im erweiterten Modell völlig jeglicher Einflussnahme entzogen, aber dennoch in einigen Fällen von großer Bedeutung: der Zufall. Dahinter verbergen sich sämtliche Entwicklungen, die nicht durch Firmen oder den Staat kontrolliert werden können, wie z. B. außergewöhnliche technologische Entdeckungen (Basisinnovationen!), Kriege, Ölpreisschock usw.

Während der Zufall keiner näheren Betrachtung bedarf, werden die staatlichen Eingriffsmöglichkeiten auf Ebene der Wirtschaftsförderung im nächsten Abschnitt näher beleuchtet, da sie auf alle vier Kerndeterminanten des Diamanten Einfluss nehmen können.

Natürlich lässt auch Porter Fragen offen und gibt Anlass zur Kritik. Die Beliebigkeit bei manch praktischer Umsetzung des Clusterkonzeptes ist allerdings nicht unbedingt Porter anzulasten, sondern denjenigen, die offenbar wenig gelesen, aber viel interpretiert haben. Das Missverständnis, die Ballung einer Branche in einer Region sei bereits als ein Cluster zu bezeichnen, ist nicht die Schuld Porters, die generelle Unschärfe seines Konzeptes allerdings schon. Trotz späterer Präzisierungen bleibt die Eingrenzung eines Clusters vage und führt in der Praxis zu *Over-* oder *Underbounding*, d. h. entweder zu kleinen oder zu großen räumlichen Eingrenzungen von Förderkulissen oder -maßnahmen, die dann mit den tatsächlichen Netzwerkbeziehungen bzw. Wertschöpfungsketten nicht hinreichend korrespondieren.

Grundsätzlicher Art sind weitere Kritikpunkte: Cluster können die regionale Nachhaltigkeit gefährden, indem durch die Konzentration auf bestimmte Industrien die (ökologischen) Fundamente einer Region zerstört werden. Allgemein besteht die Gefahr einer Monopolisierung der Region. Erfolgreiche Cluster, die sich positiv auf die Entwicklung einer Region auswirken, erreichen ein beachtliches Beharrungsvermögen, auch wenn die Wachstumskräfte nachlassen und der Lebenszyklus sich dem Ende zuneigt. Dies liegt nicht zuletzt an der gleichsam in den Erfolgsjahren gewachsenen Lobby. Es besteht nach Jahren positiver Entwicklung und großer Abhängigkeit vom Cluster meist eine Interessenkongruenz zwischen Vertreten der Cluster und politischen Vertretern der Region. Interessen Dritter werden frühzeitig vernachlässigt und andere Entwicklungsmöglichkeiten der Region nicht berücksichtigt. Am Ende kann mit dem Niedergang des Clusters das gleiche Schicksal für die Region stehen.

Ein letzter Kritikpunkt: Auch Porter betont die „industrielle Atmosphäre" Marshalls, die physische Nähe der Beteiligten. Die Weiterentwicklung von Informations- und Kommunikationstechnologien vereinfacht jedoch den Informationsaustausch auch über größte Entfernungen hinweg. Ohne Zweifel ist die Bedeutung des persönlichen Kontakts weiterhin wichtig, dennoch könnte die Relevanz von Clustern als räumliche Ballung von Unternehmen durch diese Entwicklung zukünftig sinken.

2.5.4 Porters Diamant aus Sicht der Regional- und Standortpolitik – Handlungsfelder für die Wirtschaftsförderung

Wie bereits oben angedeutet lassen sich von den Faktorbedingungen verschiedene Aufgaben und Herausforderungen für die Wirtschaftsförderung ableiten. Mobile Produktionsfaktoren wie beispielsweise Humankapital, welches ja in den qualifizierten Arbeitnehmern inkorporiert ist, gilt es an den Standort zu binden. Fachkräfteinitiativen u. ä. sind hier ein Baustein. Standortattraktivität, das Zusammenspiel von verschiedensten Standortfaktoren und damit die Herausforderung für die Beeinflussung und Darstellung dieser Faktoren im Rahmen eines effektiven Standortmarketings, gehört ohne Frage ebenfalls zu den Kernaufgaben. Auch Infrastrukturmaßnahmen, das Flächenmanagement und die Bildung von Humankapital selbst, sowie die Schaffung von „Innovativen Milieus" gehören mittelbar, z. T. auch unmittelbar, zur Arbeit der Wirtschaftsförderung.

Bei den Nachfragebedingungen ist eher die nationalstaatliche Ebene gefragt. Hier können durch Gesetze oder Anreize positive Einflüsse auf die Nachfragebedingungen ausgeübt werden. Die auch von Unternehmen oft kritisierte Umweltgesetzgebung zum Beispiel hat in bestimmten Branchen zu Wettbewerbsvorteilen geführt, da die Unternehmen Kompetenzen erwerben mussten, die sie anschließend auf internationalen Märkten konkurrenzfähiger machten. Ähnliches gilt m. E. für hohe Sicherheitsstandards. Vor Ort kann hier Wirtschaftsförderung allerdings eher bescheidene Beiträge leisten, gegebenenfalls informieren und unterstützen.

Im Bereich verwandte und unterstützende Branchen hingegen gibt es ein breites Betätigungsfeld. Wirtschaftsförderung kann Informations- und Kontaktmöglichkeiten anbieten, über Unternehmertreffs, Branchenplattformen etc. Industrieparks und Technologiezentren können geeignete Instrumente sein, um die Entstehung und das Wachstum von Zulieferern und Unternehmen der verwandten Branchen zu fördern. Hinzu kommt die

2.5 Baustein 5: Clustertheorie nach Porter

gezielte Anwerbung von speziellen Zulieferern oder anderen „fehlenden" Ketten einer regionalen Wertschöpfungskette. Strategische Ansiedlungspolitik kann hier Wertschöpfung in die Region locken, die vor Ort das spezifische Profil des Clusters ergänzt und schärft sowie zusätzliche positive Verkettungseffekte hervorruft.

Ähnlich sieht es beim Thema Firmenstrategie und Wettbewerb aus. Beratung und Information können die Strategiefähigkeit der Unternehmen stärken, Gründungsförderung erhöht den Wettbewerb, wirkt belebend für die Branche, im Falle von innovativen Gründungen natürlich im Besonderen. Auch die Ansiedlung kann ein Schlüssel zu mehr Wettbewerb und positiven Clustereffekten sein. Sicherlich wird gerade eine solche Maßnahme nicht von jedem ansässigen Unternehmen begrüßt. Porter würde hier aber sicherlich ebenfalls eine gute Möglichkeit sehen, um über mehr Wettbewerb auch mehr Wettbewerbsfähigkeit zu erreichen. Ergänzt werden können diese Maßnahmen auf höherer Ebene durch die Beseitigung von Wettbewerbsbeschränkungen und eine Förderlandschaft, die entsprechend unterstützend wirkt, weil sie an die Erfordernisse angepasst ist und an den richtigen Stellen gezielt und effektiv ansetzt.

Viele von den hier genannten Handlungsfeldern sind in der Praxis erkannt worden und bestimmen maßgeblich das tägliche Geschäft der kommunalen und regionalen Wirtschaftsförderung. Dies ist aber zu unterscheiden von dem, was teilweise im Rahmen von Clusterförderung darüber hinaus angestrebt wurde und zum Teil noch wird, nämlich die ambitionierte Entwicklung von Clustern.

2.5.5 Warum Clusterpolitik in der Praxis so schwierig ist

Der staatliche Einfluss spielt nach Ansicht Porters auf lange Sicht keine große Rolle bei der Entstehung von Clustern. Der Staat kann auf makroökonomischer Ebene günstige Rahmenbedingungen schaffen und auf der Ebene vor Ort wie gezeigt fördern, begleiten, verstärken, aber auf keinen Fall Cluster kreieren.

Die Clusterentwicklung ist in der Realität ein sehr langsamer historischer Prozess, bei dem Faktorbedingungen gewiss eine große Rolle spielen. Viele Cluster entstanden schon im 18. oder 19. Jahrhundert. Somit muss eine staatliche Clusterpolitik langfristig angelegt sein, um erfolgreich sein zu können. In der Praxis ist dagegen häufig von der Politik die Erwartung an die Clusterinitiativen gerichtet worden, schnell und erfolgreich Cluster zu unterstützen oder – noch schlimmer – quasi „aus dem Boden zu stampfen".

Dabei ist es ratsam nur dann intensivere Clusterpolitik zu betreiben, wenn auch wirklich eine Basis hierfür vorhanden ist. Kiese klassifiziert verschiedene Clustertypen. Dies kann zugespitzt wie folgt dargestellt werden (Kiese 2012); Schuler (2008)

1. Funktionierender Cluster
   – Eine kritische Masse an spezialisierten Arbeitskräften, Fähigkeiten und Wissen ist vorhanden. Dieses Potenzial wird von den Unternehmen und ihren Netzwerkpartnern zum Vorteil der Beteiligten genutzt.

2. Latenter Cluster
   - Hier ist zwar eine kritische Masse an Unternehmen verwandter Branchen vorhanden, allerdings hapert es an der geeigneten Interaktion, so dass Potenziale ungenutzt bleiben.
3. Potenzieller Cluster
   - Einige Elemente eines funktionierenden Clusters sind auch hier vorhanden, einige fehlen jedoch oder sind noch deutlich weiterzuentwickeln.
4. Politisch motivierter Cluster
   - Eine Förderung geschieht aufgrund politischer Vorgaben und gewisser rudimentärer Ausprägungen. Ob eine „kritische Masse" an Unternehmen, spezifischem Wissen und Fachkräften jemals erreichbar ist, bleibt unklar.
5. Wunschdenken-Cluster
   - Bei diesem Typus ist keinerlei reale Basis vorhanden.

Diese im Grunde selbsterklärende Bezeichnung der einzelnen Clustertypen legt bereits nahe, sich mit intensiver Clusterförderung erst dann zu beschäftigen, wenn mindestens ein potenzielles, besser aber ein latentes Cluster ausgemacht werden kann.

Ein Problem, warum Clusterförderung in manchem Fall nicht über gut gemeinte Ansätze hinauskommt, ist, dass Clusterpolitik als Bündel aller staatlicher Maßnahmen zur Förderung der Entstehung und Entwicklung von Clustern die Clusterforschung frühzeitig „abgehängt" hat. Ein Beobachter äußert gar: Die „orientierungslose Wissenschaft wird durch willfährige Berater, partielle Erklärungsansätze werden durch Mythen ersetzt." Insgesamt muss man den Eindruck gewinnen, dass die Forschung ein vorläufig sehr kritisches Fazit zur Clusterpolitik der letzten Jahre zieht (Fromhold-Eisebith 2014).

Dem wäre allerdings zu entgegnen, dass manche Fehler in der Praxis hätten vermieden werden können, wenn wenigstens Porters Grundlagen einigermaßen gründlich gelesen worden wären, ganz zu schweigen von seinen weiteren Arbeiten und vielen Bemühungen zahlreicher Wissenschaftler, den voraneilenden Praktikern einigermaßen hinterher zu kommen.

Resümee

Die Clustertheorie hat ohne Zweifel bis zur Jahrtausendwende eine enorme Wirkung im Bereich der Wirtschaftsförderpraxis entfaltet. Nicht wenige Gesellschaften, häufig angesiedelt auf regionaler Ebene, wurden explizit auf Basis des Clusteransatzes von Porter gegründet.

Allerdings ist mittlerweile eine gewisse Ernüchterung in der Clusterpolitik eingetreten. Cluster lassen sich nicht „aus dem Nichts" erschaffen, schon gar nicht in mittel- oder gar kurzfristiger Perspektive. Ohne gewisse Vorbedingungen und Potenziale vor Ort sind regionale Anstrengungen für die Entwicklung oder Förderung eines Clusters wenig sinnvoll, zudem bedarf es eines langen Atems. In zahlreichen Praxisfällen mangelte es an beidem, so dass dort Clusterpolitik (vorläufig) gescheitert ist.

Dies diskreditiert jedoch nicht die Clustertheorie an sich. Denn Porter und andere liefern der Praxis durchaus Orientierung für eine strategische Ausrichtung der Wirtschaftsförderpolitik.

Kontroll- und Lernfragen

a. Welches ist der zentrale Gedanke bei Porters Diamanten?
b. Zeichnen Sie den Diamanten von Porter und stellen Sie auch die Bezüge der Determinanten untereinander dar.
c. Was verbirgt sich hinter den einzelnen Determinanten. Erläutern Sie!
d. Welche Handlungsempfehlungen ergeben sich nach Porter für die Wirtschaftsförderung vor Ort?
e. Welches sind Kritikpunkte an Porters Clustertheorie?
f. Nennen Sie Clustertypen nach Kiese. Welche davon eignen sich für ernst zu nehmende Clusterpolitik vor Ort?

2.6 Baustein 6: Creative Class und die Bedeutung der Fachkräfte

Lernziele
In diesem Abschn. geht es um die Theorie der Creative Class, welche von Richard Florida 2002 in seinem Buch „The Rise of the Creative Class" darlegt wurde. Vor allem im Zuge der Fachkräftethematik erscheint es sinnvoll, sich auch innerhalb der Wirtschaftsförderung mit der Frage zu beschäftigen, wie der Standort insbesondere auch für kreative Menschen attraktiv gestaltet werden kann. Der Ansatz Floridas unterscheidet sich fundamental von klassischen Standorttheorien. Dies zu erkennen, einzuordnen und Rückschlüsse für die Wirtschaftsförderung zu ziehen, ist Ziel dieses Abschnitts.

2.6.1 Grundzüge der Theorie der „Kreativen Klasse"

Kaum ein Werk der letzten Dekaden entfaltete im Bereich der Standortdiskussion eine solch nachhaltige Wirkung wie „The Rise of the Creative Class: And how It's Transforming Work, Leisure, Community and Everyday Life" (Florida 2002). Florida gelang es nicht nur in der Fachwelt, sondern eben auch in der Praxis, eine neue Sicht auf verschiedene Aspekte der Standortpolitik zu popularisieren. Als Konsequenz hat in erster Linie die Stadtentwicklung, aber mittelbar auch die Wirtschaftsförderung viele Elemente der Theorie aufgenommen und verinnerlicht.

Wenn aktuell Begriffe wie „Schwarmstädte" en vogue sind, um das Phänomen zu beschreiben, dass es junge Menschen offenbar geballt in ganz bestimmte Städte zieht, dann haben dieses Phänomen und auch die Versuche es zu erklären, im Kern sehr viel mit Florida und seiner Idee der „Kreativen Klasse" zu tun.

Zunächst erläutert Florida mit einem Ansatz, warum Städte generell an Attraktivität gewinnen. Die Identifikation von Faktoren, die eine Stadt insbesondere für die „Kreative

Klasse" attraktiv machen, führt allerdings direkt zu der Möglichkeit, diese Faktoren auch zu gestalten. Dies macht sicherlich auch den Reiz seiner Theorie für die Praxis aus.

Florida entwirft dabei keinen gänzlich neuen Ansatz. Das Konzept greift auf andere Theorien wie industrielle Distrikte, innovative Milieus, Cluster und regionale Innovationssysteme zurück. Dies wird deutlich, wenn man seine grundlegenden Feststellungen zu den in der Folge dann sehr populären „Lernenden Regionen" einige Jahre vor seinem Hauptwerk studiert (Florida 1995, S. 527):

> „Regions are becoming focal points for knowledge creation and learning in the new age of global, knowledge-intensive capitalism, as they in effect become learning regions. These learning regions function as collectors and repositories of knowledge and ideas, and provide the underlying environment or infrastructure which facilitates the flow of knowledge, ideas and learning. In fact, despite continued predictions of the end of geography, regions are becoming more important modes of economic and Technological organization on a global scale."

Es geht bei der „Lernenden Region" um die Bündelung der vor Ort vorhandenen Akteurspotenziale. Diese Bündelung löst einen Lern- und Entwicklungsprozess aus, bei dem insbesondere das regionspezifische, z. T. nicht kodifizierbare Wissen (tacit knowledge) die zentrale Rolle spielt. Nicht kodifizierbar bedeutet, dass dieses Wissen nicht einfach in Lehrbücher, Arbeitsanweisungen oder Blaupausen übertragbar ist, sondern mit den Menschen und dem spezifischen Institutionengeflecht vor Ort verknüpft ist.

In der Theorie der Kreativen Klasse wird nun die Rolle der Wissensträger, der Menschen, vor allem der besonders innovativen Talente, hervorgehoben.[16] Sie sind nach Florida zentral für die wirtschaftliche Entwicklung einer Region. So ganz nebenbei wird jedoch damit auch die klassische Standorttheorie auf den Kopf gestellt. Wenn es die kreative Klasse ist, die über Wachstum und Innovation entscheidet, wo bleiben dann die Unternehmen?

Nun, diese müssen, zumindest wenn sie wissensbasiert agieren und wenn man Florida folgt, letztlich dorthin gehen, wo sich die kreative Klasse befindet oder sein möchte. Standortentscheidungen in der Wissensgesellschaft werden von „modernen Unternehmen" nicht mehr aufgrund von Nähe zu Rohstoffen, Verkehrswegen oder wegen günstiger Steuersätze gefällt. Unternehmen, die auf die kreative Klasse angewiesen sind, müssen sich nach deren Wünschen und Bedarfe orientieren und entsprechend auch bei der Standortwahl vorgehen.

Dabei rücken die Erwartungen an das unmittelbare und mittelbare Arbeitsumfeld der kreativen Klasse in den Vordergrund. Denn nur das richtige Arbeitsumfeld ermöglicht es den Wissensarbeitern kreativ zu sein und Innovationen hervorzubringen. Florida bezieht dabei zunächst Aspekte ein, die nicht das weitere Umfeld im Sinne von Stadt oder Region betreffen, sondern den Arbeitsplatz selbst. Konkret nennt er die Entgrenzung von Arbeit und Freizeit, Arbeitsplatzgestaltung, flache Hierarchien usw., die er als notwendig für den kreativen Prozess sieht und denen Dinge wie feste Arbeitszeiten usw. entgegenstehen.

---

[16] Die weiteren Ausführungen halten sich eng an Florida (2002).

2.6 Baustein 6: Creative Class und die Bedeutung der Fachkräfte

Hier zeigen in der Praxis Arbeitgeber aus bestimmten Branchen, man denke an Apple, Google & Co., wie in Teilen der Wirtschaft Arbeitsplatzgestaltung und direktes Umfeld bereits in Floridas Sinne umgesetzt sind und den Mitarbeitern ein entsprechender freier Rahmen zur kreativen Entfaltung geboten wird.

Ein geeignetes Umfeld ist aber ebenso eine Frage der anregenden und toleranten Umgebung außerhalb des Unternehmens. Dazu gehören kulturelle Angebote und viele Aspekte, die allgemein unter dem Aspekt Lebensqualität zu subsummieren sind. Anregend bedeutet aber u. a. auch die Möglichkeit zum Austausch mit Kreativen aus anderen Bereichen. Farhauer und Kröll (2013, S. 231) sehen die optimalen Bedingungen für Kreative im Sinne Floridas als dann gegeben, wenn „an ihrem Standort ein Milieu der Vielfalt unterschiedlicher Ethnien, Kulturen sowie Lebens- und Arbeitsformen existiert. Wechselseitige Anerkennung, Respekt und Toleranz sind vonnöten, um einem kreativen Menschen das bestmögliche Arbeitsumfeld zu bieten." (Farhauer und Kröll 2013)

Die kreative Klasse entscheidet nach Florida über die Zukunftschancen einer Region, doch wen zählt er zu dieser so wichtigen Gruppe? Zunächst orientiert er sich bewusst an den tatsächlich ausgeübten Berufen, nicht an den Qualifikationen bzw. dem höchsten Bildungsabschluss wie dies etwa die Humankapitaltheorie vorsieht. Angesichts anekdotischer Beispiele wie dem häufig bemühten Klischee des Taxifahrers mit Doktortitel spricht durchaus einiges für eine solche Überlegung, wenngleich dies gewiss höhere Herausforderungen an die empirische Überprüfbarkeit der Theorie zur Folge hat.

Kreative Tätigkeiten nach Florida sind solche, bei denen es um Problemlösungskompetenz geht. Dazu müssen eben teilweise neue Wege bestritten werden, altes wird durch neues Wissen ersetzt oder aber Wissensbestände sind neu zu kombinieren. Es handelt sich also explizit nicht um Routinetätigkeiten, sondern ganz in einem Schumpeterschen Verständnis um innovative Aktivitäten.

Florida identifiziert drei Gruppen von Kreativen, welche die Innovationsfähigkeit der Region maßgeblich bestimmen und die insgesamt etwa 30 Prozent der Bevölkerung (der USA) ausmachen:

1. Supercreative Core
   Die hochkreative Gruppe besteht aus Menschen, die Probleme aufspüren und lösen und auf diese Weise Wertschöpfung und regionales Wachstum generieren. Beispiele sind Unternehmer bestimmter Branchen, Ingenieure, Wissenschaftler, Lehrende, Ärzte usw. Florida schätzt den Anteil an allen Beschäftigten in den USA bei etwa 12 %.
2. Creative Professionals
   Dies sind Menschen mit stark wissensbasierten Tätigkeiten, allerdings weniger im innovativen Bereich. Kreative Fachleute verortet Florida zuvorderst im Gesundheitssektor, der Wirtschaft, in den Bereichen Finanzen und Recht sowie bei Technikern auf der einen, leitenden Verwaltungsangestellten und Beamten auf der anderen Seite.
3. Bohemians
   Die Bohème, also Künstler der diversen Richtungen, bildet die dritte Gruppe der Kreativen. Zwar sind Maler, Schauspieler, Musiker, Schriftsteller usw. häufig nicht die

direkten Auslöser von relevanter ökonomischer Wertschöpfung in einer Region. Allerdings sorgt die Bohème für ein Umfeld, welches anregend und attraktiv für die ersten beiden Gruppen ist.

Analog zu den Tätigkeitsgruppen vermutet Florida auch drei Arten von Kreativität, deren Charakter er unbedingt komplementär sieht. Für den Erfolg einer Region oder Stadt ist es entsprechend notwendig, dass *alle drei* Arten vorhanden sind, da sie sich gegenseitig bedingen und verstärken:

1. Technologische Kreativität
   In erster Linie eine Domäne der Naturwissenschaftler und Ingenieure. Diese bringen technologische Inventionen (Erfindungen) hervor.
2. Ökonomische Kreativität
   Seit Schumpeter ist bekannt, dass Erfindungen und theoretische Problemlösungen noch keinerlei Wertschöpfung liefern. Der Schumpetersche Unternehmer setzt die Invention am Markt durch und sorgt für die Innovation. In diese Rolle können viele Personen und Institutionen schlüpfen, entscheidend ist, dass am Ende (neue) Güter und Dienstleistungen stehen, die marktfähig sind.
3. Künstlerische und kulturelle Kreativität
   Während die ersten beiden Formen der Kreativität nicht eindeutig einer Gruppe zuordenbar ist, dürfte die Bohème den Ursprung für die künstlerische und kulturelle Kreativität darstellen.

   Gemein ist der Kreativen Klasse eine vergleichsweise hohe interregionale Mobilität. D.h. sie sind schneller in der Lage und bereit, ihren Arbeits- und Wohnort zu verändern als der übrige Teil der Bevölkerung. Ihre Entscheidung ist zudem weniger einkommensabhängig, entweder, weil die Einkommensmöglichkeiten sich bereits auf hinreichend hohem Niveau bewegen oder weil sie generell weniger monetär orientiert sind. Die wesentliche Rolle spielt eben die Attraktivität eines Standorts und dabei insbesondere auch ein weltoffenes, tolerantes Milieu. Und der Indikator für die Ausprägung eines solchen Milieus ist dann nach Florida neben anderen die Zahl der dort lebenden Bohemiens.

   Kulturelle Vielfalt und eine schon rein quantitativ bedeutende Zahl an kreativen Köpfen als Bedingung für eine attraktive Stadt oder Region führen automatisch zu einer Präferenz der Städte. Tatsächlich konzentriert sich Florida auch auf den Wettbewerb der (attraktivsten) Städte. Differenzierungsmerkmal sind dann Toleranz und Offenheit. Folglich sind nicht alle Städte per se attraktive Standorte für die Kreative Klasse im Sinne Floridas. Aber die attraktivsten Standorte sind dort, wo sich die kreative Klasse und die wirtschaftliche Aktivität ballen (Abb. 2.21).

Die meisten Elemente des Ansatzes von Florida waren nicht wirklich neu, allein in diesem Werk wurden mehrere Ideen vorgestellt, die Florida eindeutig „inspiriert" haben. Allerdings gelingt es Florida – ähnlich wie Porter – die Dinge sehr anschaulich darzustellen und auf den Punkt zu bringen. Ein weiterer Beweis sind die sehr eingängigen „3 Ts":

2.6 Baustein 6: Creative Class und die Bedeutung der Fachkräfte

1. Talent (a highly talented/educated/skilled population),
2. Tolerance (a diverse community, which has a 'live and let live' ethos),
3. Technology (the technological infrastructure)

Es zählen im Standortwettbewerb Talent, Toleranz, Technologie, so die kompakte Botschaft, und zwar im unverzichtbaren Zusammenspiel. Erneut treffen wir auf einen Dreiklang, den man allerdings noch einmal genauer aufschließen sollte, weil er durchaus Botschaften in Richtung Regionalpolitik und Wirtschaftsförderung enthält.

Der Oberbegriff „Talent" adressiert die Fachkräfte, die kreativ tätig sind, „Technologie" meint die Existenz wissensbasierte Unternehmen, die Wettbewerbsvorteile gerade im technologischen Bereich haben, zudem Forschungs- bzw. Hochschuleinrichtungen, die hier Kompetenzen aufweisen. „Toleranz" misst Florida durch Indikatoren, die die ethnische Diversität („Melting Pot"-Index), die Toleranz gegenüber Homosexuellen, den Anteil der künstlerisch Tätigen messen. Ein vierter Index („Composite-Diversity"-Index) fasst die drei ersten zusammen.

Ohne auf die Einzelheiten seiner empirischen Arbeit einzugehen, findet Florida in seiner Untersuchung amerikanischer Großstädte tatsächlich einen positiven Zusammenhang zwischen Toleranz- und Kreativitätsindex. Er sieht sich in seiner Sicht bestätigt, dass ein tolerantes Umfeld Künstler und andere Mitglieder der Bohème anzieht, dies wiederum für Hochkreative und Creative Professionals ein geeignetes Umfeld bietet, um sich dort niederzulassen, mit den schon ausgeführten positiven Folgen für Innovation und Wachstum.

Trotz zahlreicher Kritik an seinem empirischen Vorgehen und zum Teil vereinfachten Hypothesen, findet sich in der Literatur nach Florida durchaus auch Bestätigung für seinen Ansatz. In der Praxis (v. a. im Bereich der Stadtentwicklung) ohnehin, aber auch in der empirischen Forschung (Möller und Tubadji 2009). So zeigt eine umfassende Prüfung für Deutschland, dass zumindest die relative Größe der Kreativen Klasse in einer Region oder Stadt eine sehr gute Erklärung für die wirtschaftliche Entwicklung eines Standortes liefert.

Abb. 2.21 Erfolgsfaktoren regionalökonomischer Entwicklung nach Florida

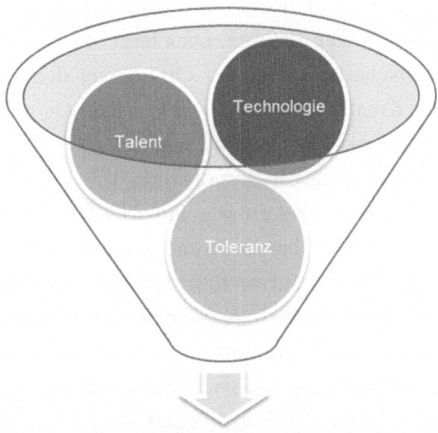

Was die Ballung von Mitgliedern der so genannten Bohemiens als Auslöser von Zuzug der übrigen Kreativen Klasse angeht, sind die Ergebnisse weniger überzeugend. Eher scheint zu gelten, dass zumindest in Deutschland die Kreativarbeiter vor allem in prosperierenden Regionen leben wollen (Möller und Tubadji 2009, S. 18 f.). Andere Studien in Deutschland und darüber hinaus betonen generell die Lebensqualität als wichtigen Faktor, um die Kreative Klasse anzuziehen. Diese Ergebnisse sind dann allerdings weniger spektakulär als die ursprünglich von Florida aufgestellte Bohemiens-These und durchaus aus anderen Forschungsfeldern bekannt.

Somit mag der Neuigkeitswert von Floridas Ansatz letztlich überschaubar bleiben und direkt ableitbare regionalwirtschaftliche Empfehlungen sollten nur sehr vorsichtig erfolgen. Allerdings bleibt es Floridas Verdienst, einen erheblichen Beitrag dazu geleistet zu haben, dass bis in die (politische) Praxis hinein viel stärker fachkräftebezogen über Standortattraktivität nachgedacht wird. Damit ist die Bedeutung der kreativen Klasse für die Standortentwicklung ohne Zweifel stärker im Denken der Akteure verankert als zuvor.

2.6.2 Implikationen für die Wirtschaftsförderung

Florida reiht sich ein in die Phalanx derjenigen, die Entwicklungsmuster in den einzelnen Räumen als spezifisch und beeinflussbar erachten. Er betont die Bedeutung der Kreativen Klasse und eines für diesen Personenkreis attraktiven Umfeldes. Dies schließt die Interaktion und Lernen zur Sicherung unternehmerischer und nationaler Wettbewerbsfähigkeit ein. Damit hat strategische Wirtschaftsförderung, wenn sie an der Dynamik der Wissensgesellschaft partizipieren will, den eigenen Standort im Verbund mit anderen, vor allem der Stadtentwicklung, in diesem Sinne aufzustellen.

Eher skeptisch betrachtet werden sollte die kritiklose, aber auch die simplifizierende bzw. verfälschende Übernahme gewisser Aspekte. Ein Beispiel: Sicherlich von Florida inspiriert waren bis heute anhaltende Versuche, die sogenannte Kultur- und Kreativwirtschaft bzw. „Cluster der Kreativwirtschaft" zu fördern. Nicht immer zeigen sich dabei die gewünschten Erfolge. Dies liegt zum einen daran, dass sich Fördermittelgeber aber auch Wirtschaftsförderer vor Ort schwer damit tun, diese Bereiche zu definieren. Was gehört zur Kreativwirtschaft? Bei Florida, wie gesehen, viel mehr als Musik, Architektur, Kunsthandwerk, Design usw., nämlich alle Tätigkeiten, die abseits der Routinetätigkeiten neue Problemlösungen hervorbringen.

Der Verdacht muss geäußert werden, dass auf der Welle der „Creative Class"-Diskussion Fördertatbestände und -objekte, Initiativen und Cluster geschaffen wurden, die eher neue Fragen aufwerfen, denn effektive Beiträge zur Wirtschaftsförderung darstellen. Selbstverständlich verbergen sich hinter dem Begriff der Kreativwirtschaft viele ernst zu nehmende Branchen, reichlich unternehmerisches Potenzial und durchaus – ganz im Sinne Floridas – Aktivitäten, Dienstleistungen und Produkte, die eine Stadt oder Region in vielerlei Hinsicht attraktiver machen. In der Summe zeigen verschiedene Untersuchung nach Hinzuzählung beispielsweise von Medien-, Softwarewirtschaft, Film- und

Werbebranche, dass, wenn hinreichend viele Wirtschaftszweige addiert werden, auch imposante Volumina an Arbeitsplätzen und Wertschöpfung entstehen. Allerdings handelt es sich dann erst recht um einen äußerst heterogenen, weil künstlich geformten Wirtschaftssektor. Dieser muss folglich annähernd als Residualgröße ohne innere Bezüge gesehen werden, da es zum Teil gänzlich an Interaktion, geschweige denn vertiefter Kooperation oder besonderen Austauschbeziehungen mangelt. Natürlich gibt eine tiefere Beschäftigung mit der Kreativwirtschaft stets Einblicke in die Details der regionalen Wirtschaftsstruktur, konkrete Anhaltspunkte für Wirtschaftsförderaktivitäten bietet sie allerdings weniger.

Innovative Milieus, attraktive Standorte für Kreative sind sicher nicht planbar. Aber Wirtschaftsförderung kann Stadtentwicklung dabei unterstützen, Rahmenbedingungen für eine diverse Wirtschaftsstruktur zu schaffen. Dazu gehört auch, auf besonders kreative Gründerinnen und Gründer einzugehen. Im Existenzgründungsbereich ist seit Längerem bekannt, dass Gründerinnen und Gründer unterschiedliche Startbedingungen brauchen. Erfolgreiche Beispiele nicht nur in Berlin zeigen, dass Gründung und Ansiedlung in bestimmten Kreativbereichen dann gelingen, wenn attraktive, und zwar für die Zielgruppe spezifisch attraktive, Voraussetzungen vorhanden sind. Dabei ist beispielsweise an Räumlichkeiten, Vernetzungsmöglichkeiten und Nähe zu bestimmten Institutionen, Stadtteilen, Kiezen zu denken aber zunehmend auch an Felder wie die Finanzierung generell und neue Ansätzen wie *Crowd Financing* im Speziellen.

Für die meisten Unternehmen, vor allem jene, die auf (stark) wissensbasierte Güter und Dienstleistungen setzen, ist die Kreative Klasse, oder allgemeiner formuliert, die Fachkraft, Dreh- und Angelpunkt geworden. Regionen und Städte müssen sich dessen bewusst sein. Sicherlich sind akzeptable Gewerbesteuersätze, Verkehrsanbindung und andere harte Standortfaktoren auch in Zukunft wichtig (für manche Branchen werden sie auch die zentralen bleiben), aber die weichen Faktoren spielen eine immer größere Rolle.

Nicht umsonst sind immer mehr Unternehmen, vornehmlich die regional stark verwurzelten, bereit, sich an der Verbesserung der Standortattraktivität zu beteiligen. Wenn man so will, haben sie die drei Ts von Florida im Blick und wissen: Selbst wenn sie über *Technology* verfügen, Weltmarktführer sind oder zumindest eine veritable Wettbewerbsposition behaupten, ohne *Talents*, also Fachkräfte und *Tolerance*, vielleicht etwas allgemeiner formuliert als attraktive Umfeldbedingungen für Kreativarbeiter, werden sie diese Marktposition nicht halten können.

Somit haben Regionen und Unternehmen ein zunehmend gleichgerichtetes Interesse:

▶ Regionen brauchen attraktive Unternehmen und Unternehmen attraktive Regionen, damit die knappen und umworbenen Fachkräfte kommen, bleiben oder zurückkehren!

Dass die Wirtschaftsförderung hier gut daran tut, gemeinsam mit den regional verwurzelten und engagierten Unternehmen über die (Verbesserung der) weichen Standortfaktoren nachzudenken, ist durch Florida sicher noch mal verdeutlicht worden.

Resümee

Zusammengefasst lässt sich Floridas Ansatz auf zwei Hypothesen verdichten: Erstens wirkt die Ballung kreativer Personen an einem Standort positiv auf die regionale Entwicklung, d. h. Wirtschaftswachstum und Beschäftigung. Und zweitens ist die lokale Konzentration von Bohemiens, auch als Indikator ein anregendes und tolerantes Umfeld, entscheidend dafür, ob sich die Kreative Klasse für den Standort entscheidet, durch Zuzug oder Verbleib.

Florida hat im Alltag der kommunalen und regionalen Wirtschaftsförderung bereits erhebliche Spuren hinterlassen. Gleichwohl verbietet sich die einfache Losung: „Holt Künstler in die Stadt, dann folgen andere Kreative und das Wirtschaftswachstum." So einfach ist die Welt im Übrigen auch bei Florida nicht.

Aber die Beschäftigung mit der Kreativen Klasse schärft den Blick für weiche Standortfaktoren, für die wirtschaftspolitische Relevanz von Stadtentwicklung. Und nicht zuletzt lenkt Florida die Aufmerksamkeit auf das sensible Zusammenspiel sozioökonomischer Faktoren in Städten, welches bei rein effizienzorientierter Betrachtung leicht übersehen wird.

Kontroll- und Lernfragen

a. Welches sind im Kern die zwei Hypothesen Floridas, auf denen sein Ansatz basiert?
b. Welche Gruppen der Kreativen Klasse differenziert Florida?
c. Nennen Sie die 3 Ts und erläutern Sie das Zusammenspiel der drei Erfolgsfaktoren.
d. Diskutieren sie den Ausspruch: „Holt Künstler in die Stadt, dann folgen andere Kreative und das Wirtschaftswachstum."

2.7 Baustein 7: Regionales Engagement von Unternehmen

Lernziele

Das von manchen kritisierte „Modewort" CSR (*Corporate Social Responsibility*) beschreibt soziale oder generell gesellschaftliche Aktivitäten von Unternehmen. Solche Aktivitäten sind freilich für viele Unternehmerinnen und Unternehmer nichts Neues, in vielen Fällen sind sie schon seit jeher Bestandteil von gesellschaftlichem Engagement.

Die Leser sollen dennoch in diesem Abschnitt die verschiedenen Facetten von CSR als strukturiertes Konzept kennenlernen, insbesondere die für die Wirtschaftsförderung explizit relevanten Aspekte. *Corporate Social Responsibility* beinhaltet in dem hier vorgestellten Verständnis nämlich auch das unternehmerische Engagement für die Region. Dadurch wird das Unternehmen im besten Falle zum potenten Partner für die Stadt- und Regionalentwicklung, aber auch für die Wirtschaftsförderung.

Es werden Chancen und Risiken des Engagements für die Region oder die Stadt – auch am Beispiel – aufgezeigt und diskutiert.

2.7.1 Von CSR, CC und CRR...

Einer breiten Öffentlichkeit ist das Thema CSR vor einigen Jahren nähergebracht worden, als der bekannte Fernsehmoderator Günter Jauch eine neuartige Bierwerbung präsentierte. In dieser Anfang der 2000er bahnbrechenden Kampagne warb das Unternehmen weniger für den Gerstensaft selbst. Vielmehr hatte sie die Zusammenarbeit der Brauerei mit der Umweltorganisation WWF zum Gegenstand, sowie die eben durch Günter Jauch in dem Werbespot verbreitete Absicht, für jeden gekauften Kasten Bier einen Quadratmeter Regenwald zu erhalten, zu schützen oder wiederaufzuforsten.[17]

Was hat aber nun diese Episode der Werbegeschichte mit Wirtschaftsförderung tun?

Zunächst ist das soziale oder gesellschaftliche Engagement von Unternehmen kein wirklich neues Phänomen. Jeder Wirtschaftsförderer, aber auch der gemeine Bürger kennt sicherlich Unternehmerinnen und Unternehmer, die Trikots für die örtliche Jugendmannschaft spenden, sich am Dorf- oder Stadtteilfest aktiv beteiligen oder sich in ihrer Unternehmerrolle in anderer Form gesellschaftlich engagieren.

Die Begriffe der *Corporate Social Responsibility* (CSR) sowie des *Corporate Citizenship* (CC) haben aber seit einiger Zeit auch Eingang in unterschiedliche wissenschaftliche Betrachtungen gefunden, jüngst auch verstärkt im regionalökonomischen Kontext. Die Unterscheidung und Abgrenzung der verschiedenen Definitionen kann an dieser Stelle nicht in der durchaus angemessenen Breite diskutiert werden. Unstrittig ist mindestens eine große Nähe zwischen den beiden Begrifflichkeiten (vgl. ausführlich Beschorner und Schank 2012).

Unter dem Label CSR entfalten seit nun mehr als 20 Jahren immer mehr Unternehmen Aktivitäten, um Umweltbelange oder soziales Engagement in ihre eigene Unternehmenstätigkeit zu integrieren. Dies tun sie freiwillig, allerdings keinesfalls ohne Bezug zu den betriebswirtschaftlichen Unternehmenszielen. Im Gegenteil: Ein inhaltlich und kommunikativ gelungenes CSR stärkt die Wettbewerbsfähigkeit. Schon deshalb ist CSR ein Thema für die Wirtschaftsförderung und mehr als die Privatsache etwa eines Mäzens oder einer Stifterin.

Im Grünbuch EU Kommission von 2001 (Europäische Kommission 2011) ist CSR definiert, als

> „ein Konzept, das den Unternehmen als Grundlage dient, auf freiwilliger Basis soziale Belange und Umweltbelange in ihre Unternehmenstätigkeit und in die Wechselbeziehungen mit den Stakeholdern zu integrieren.
>
> (…) Für die Wettbewerbsfähigkeit der Unternehmen ist ein strategischer CSR-Ansatz von zunehmender Bedeutung. Er kann das Risikomanagement fördern, Kosteneinsparungen bringen sowie den Zugang zu Kapital, die Kundenbeziehungen, das Management von Humanressourcen und die Innovationskapazitäten verbessern.
>
> CSR setzt ein Zusammenspiel von internen und externen Stakeholdern voraus und ermöglicht damit den Unternehmen, sich besser auf die Erwartungen der Gesellschaft und die Betriebsbedingungen, die einem raschen Wandel unterliegen, einzustellen und daraus Nutzen zu ziehen."

---

[17] vgl. https://www.krombacher.de/regenwald/dauerhaftes_engagement/index.php. Zugegriffen am 02.03.2016.

Abb. 2.22 Facetten der Corporate Social Responsibility

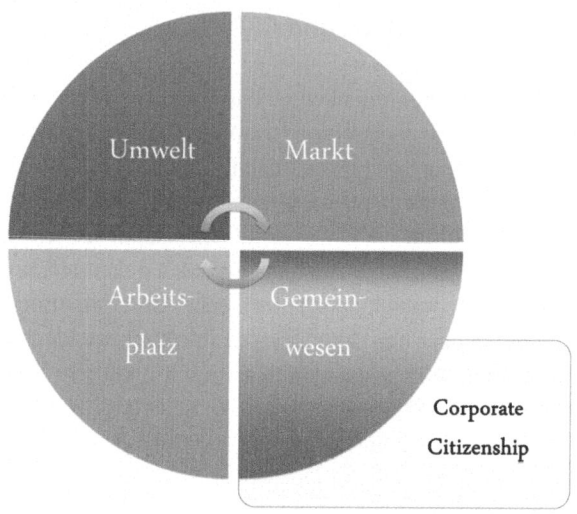

Dagegen wird Corporate Citizenship (CC) von Polterauer (2010, S. 206) definiert als

> „Gemeinnütziges, kontinuierliches Engagement von privatwirtschaftlichen Unternehmen (…), das freiwillig erbracht wird, über den engen Unternehmenszweck hinausgeht, aber – und das ist der entscheidende Punkt – in Bezug zur Unternehmenstätigkeit steht.
> (…) Beteiligung an Problemlösungen mit Hilfe unterschiedlicher Unternehmensressourcen."

Wenn gelegentlich in der Fachliteratur der Unterschied gesehen wird, dass CSR nicht zusätzlich und über den Unternehmenszweck hinausgehend zu betrachten sei, sondern die Unternehmenstätigkeit selbst beträfe, mag das aus akademischer Sicht zweckmäßig sein, praktisch ist jedoch entscheidend, warum und wie regionales Engagement von Unternehmen zum Positiven der Region genutzt werden kann. Zumal externe, nicht die Unternehmenstätigkeit betreffende Aktivitäten wie Spenden (*Corporate Giving*) oder Sponsoring, die Gründung und der Betrieb von Stiftungen (*Corporate Foundations*) nur dann auch dem Unternehmen Nutzen stiften und Sinn machen, wenn die Unternehmenstätigkeit selbst entsprechend glaubwürdig und den Prinzipien verpflichtet ist (Abb. 2.22).

CSR soll an dieser Stelle in vier interdependenten Dimensionen unterschieden werden, die da lauten: Umwelt, Markt, Arbeitsplatz und Gemeinwesen. Die ersten drei sind im Sinne eines engen Verständnisses von CSR unmittelbar der Unternehmenssphäre selbst zuzuordnen. Hier geht es um ökologisch nachhaltige Produktionsmethoden, sozial und ökologisch orientierte Auftragsvergabe, Familienfreundlichkeit usw. Allerdings sei angemerkt: Wenn Unternehmen beispielsweise das soziale Engagement ihrer Mitarbeiter fördern oder familienfreundliche Arbeitszeiten einführen, hat dies eine Komponente der Personalentwicklung, strahlt aber darüber hinaus ebenso in die Gesellschaft ab, wirkt also nach außen!

Die vierte Dimension, die man genauso auch als *Corporate Citizenship* bezeichnen kann, wäre bei einer engeren Sicht als eigenständiges, extern orientiertes Element vom

2.7 Baustein 7: Regionales Engagement von Unternehmen

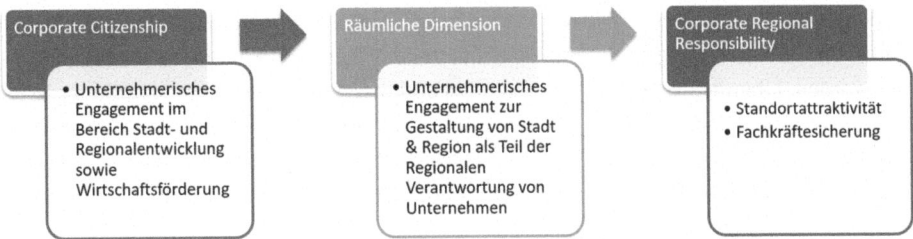

Abb. 2.23 Corporate regional responsibility – Regionales Engagieren von Unternehmen

CSR im engeren Sinne abzugrenzen. Hier ist auch der Bereich enthalten, der für Wirtschaftsförderung sowie Regional- und Stadtentwicklung besonders interessant ist. Denn neben Klassikern wie Spenden (*Corporate Giving*), Sponsoring, Stiftungen ist an dieser Stelle auch das regionale Engagement von Unternehmen (man könnte mit Kiese dann von Corporate Regional Responsibility, kurz CRR, sprechen) zu verorten. Kiese (Kiese 2012) schlägt als Bezeichnung für dieses regionale Engagement, analog zum CSR, den Begriff der *Corporate Regional Responsibility*, kurz CRR, vor (Abb. 2.23).

Wenn Corporate Citizenship oder gemeinwesenorientiertes CSR die Stadt- oder Regionalentwicklung des Unternehmensstandortes in den Blick nimmt, erhält es einen konkreten räumlichen Bezug. In diesem Falle bedeutet es Partizipation, häufig aber auch die private Initiative des Unternehmens bei Gestaltung von Stadt und Region.

Der Leser, der die Vorgängerkapitel studiert hat, wird mehr als ahnen, welches die Motivation der Unternehmen ist: Regionales Engagement von Unternehmen, nennen wir es Corporate Regional Responsibility, geschieht nicht selten aus einer tiefen Verbundenheit der Unternehmerperson zu seiner Heimat. Aber legitime unternehmerische Motivation ist dann zudem die Fachkräftesicherung. Ein aktiver Beitrag zur Standortattraktivität ist deshalb immer zugleich im Interesse des Unternehmens selbst.

2.7.2 Corporate Regional Responsibility als Element der Regionalentwicklung und Wirtschaftsförderpraxis

Ein wesentlicher Impuls für CRR ist also der Kampf um die knapper werdenden Fachkräfte. Selbst (regional) bekannte „Markenunternehmen" erkennen zunehmend, dass die eigene Attraktivität nicht ausreicht, um die umworbenen Talente für sich zu gewinnen. Ohne attraktive Unternehmen sind für die Stadt oder Region die Herausforderungen des demografischen Wandels kaum zu bewältigen, aber ohne attraktiven Standort aus Sicht der umworbenen Fachkräfte kann eben auch das einzelne Unternehmen nicht bestehen. In diesem Zusammenhang ist also eine zunehmende „Konvergenz der Interessen" (ebenda, S. 4) (Kiese 2012) zu konstatieren.

Folglich erhöht sich die Wahrscheinlichkeit, dass sich umsichtige und zugleich regional verwurzelte Unternehmen für die Standortattraktivität engagieren, in Stadt- und Entwicklungsprozesse einbringen und finanzielle Mittel zur Verfügung stellen. Allerdings wäre es von beiden Seiten arg kurz gegriffen, wenn nur an Geld gedacht würde. Manchmal scheint sogar mehr geholfen, wenn Personalkapazitäten oder Räumlichkeiten zur Verfügung gestellt werden. Überdies verfügen Unternehmen und ihre Mitarbeiter über vielfältiges Wissen, welches an verschiedensten Stellen interessant sein kann. Dazu gehören natürlich fach- bzw. branchenbezogenes Know-how, aber auch im Projektmanagement, im Personalbereich u. v. m. sind Unternehmen häufig besonders kompetent aufgestellt und können auf diese Weise wertvolle Beiträge leisten.

Die direkte Beteiligung von Mitarbeitern aus dem Unternehmen an Projekten der Regional- und Stadtentwicklung kann betriebsintern im Rahmen der Personalentwicklung und Mitarbeitermotivation strategisch genutzt werden. Und nicht zuletzt können die Netzwerke des engagierten Unternehmens einen echten Mehrwert für die Region darstellen. Das Unternehmen kann hier Türen öffnen, weitere Kooperationspartner anwerben, oder schlicht zusätzliche Ressourcen gewinnen.

Durchaus denkbar ist außerdem, dass das regionale Engagement der Unternehmen zu einem stärkeren *Commitment* anderer Akteure führt. Im Idealfall gelingt es so noch besser, die regionalen Kräfte in gemeinschaftlichen Projekten von Politik, Verwaltung und Privatwirtschaft zu bündeln und zum Nutzen aller Beteiligten abgestimmt und daher umso schlagkräftiger nach außen (und innen!) aufzutreten.

Allerdings: So manche Demografiebeauftragte, so mancher Mitarbeiter in Wirtschaftsförderungsinstitutionen, Kammern oder der Verwaltung wähnt sich bereits mit der gelungen und oft hart erkämpften Rekrutierung eines Unternehmens für gemeinsame Projekte am Ziel. Hier beginnen jedoch erst die Herausforderungen. Wie vermeidet man Alibiaktivitäten, wie die Interessendominanz des regionalen Hauptplayers? Wie kann die Nachhaltigkeit des Engagements sichergestellt werden? Wie lässt sich vermeiden, dass sich die vielen kleineren Unternehmen abwenden, wenn der „Platzhirsch" der Region den Anstoß gibt und vermeintlich alles bestimmt? Was aber andererseits, wenn erst gar kein größeres und wirtschaftlich potentes Unternehmen in Sicht ist, welches die notwendigen Ressourcen, Identifikation und/oder Einsicht mitbringt? (Abb. 2.24).

Ein wichtiger Erfolgsfaktor scheint die Einbettung der gemeinsamen Projekte in geeignete Strukturen zu sein. Zentral ist dabei eine von Einzelinteressen unabhängige Steuerung des Projektes. Ebenfalls zeigen Beispiele aus der Praxis, dass schon für die Akquise

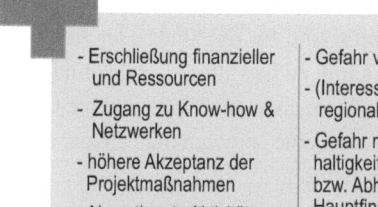

Abb. 2.24 Chancen und Risiken von CRR

von Unternehmen, aber auch für die projektbegleitende Motivation „kleine Erfolge" wichtig sind, d. h. Ergebnisse bzw. Wirkungen, die für die beteiligten Unternehmen spürbar werden, selbst wenn dies „lediglich" ansprechende Events sind.

Der Blick auf die Akquise der Unternehmen darf außerdem nicht dazu führen, dass die wichtigen Stakeholder aus Politik und Verwaltung vergessen werden, sich am Ende sogar als „ausgegrenzt" oder „übergangen" fühlen oder die „politische Legitimität" anzweifeln. Weiterhin sollten die Unternehmen hinter dem Engagement stehen, nicht nur der Unternehmer, d. h. die Strategie sollte dominieren, nicht die möglicherweise wenig nachhaltige, weil dem Moment geschuldete Emotion eines einzelnen „Gönners".

Ob es dauerhaft und in der Breite gelingen kann, Unternehmen über ein strategisch verankertes CRR für eine effektivere Regional- und Standortentwicklung zu gewinnen und auf diese Weise tatsächlich eine verbesserte Standortattraktivität für alle zu erreichen, muss abgewartet werden. Und selbstverständlich braucht es die entsprechenden Unternehmerpersönlichkeiten vor Ort und die richtige Ansprache bzw. Form der Einbindung.

2.7.3 Praxisbeispiel Duderstadt 2020

Duderstadt zählt zu den strukturschwachen Abwanderungsgebieten. Die Stadt befindet sich mit ihren 14 zugehörigen Dörfern und insgesamt mehr als 20.000 Einwohnern im ehemaligen Zonenrandgebiet Südniedersachsens. Seit Jahren stellt hier der demografische Wandel eine echte Herausforderung dar. Eine zentrale Fragestellung ist dabei, wie Fachkräfte in der Region gehalten, zurückgeholt oder neu für sie gewonnen werden können

Hier setzt der Stadtentwicklungsprozess Duderstadt 2020 an, der von Prof. Hans Georg Näder, dem geschäftsführenden Gesellschafter des Familienunternehmens OttoBock[18] mit Sitz in Duderstadt angestoßen und finanziert wurde. Motivation war sicherlich die persönliche Beziehung und familiäre Verwurzelung des Unternehmers, aber eben auch die Fachkräftesicherung im eigenen Unternehmen. Mit 1.800 Beschäftigten, Tendenz steigend, ist die OttoBock Gruppe der größte Arbeitgeber sowohl Duderstadts und als auch des gesamten Eichsfelds. Zur OttoBock Firmengruppe gehören die Unternehmen Otto Bock HealthCare (Medizintechnik), Otto Bock Kunststoff und Technogel (Chemie) sowie die IT-Ausgründung Sycor. Der Wirtschaftsprofessor und Unternehmensberater Simon zählt OttoBock zu den herausragenden Unternehmen des deutschen Mittelstandes, den so genannten *„hidden champions"* (Simon 2012). Diese Mittelständler gehören gemäß Simons

---

[18] Weltweit steht der Name Otto Bock für qualitativ hochwertige Produkte und Dienstleistungen in der Orthobionic® und Bionicmobility®. Das Familienunternehmen wird in dritter Generation und derzeit von Prof. Hans Georg Näder geführt und ist Weltmarktführer im Bereich Prothetik, weitere Informationen siehe http://www.ottobock.com/de/unternehmen/ottobock-heute/. Zugegriffen am 10.02.2016.

Klassifizierung in ihrer Branche zu den Top-3-Unternehmen auf dem Weltmarkt oder sind Marktführer auf mindestens einem Kontinent.[19]

Bei genauer Betrachtung ist die Standortstrategie Näders bzw. OttoBocks zweiteilig. Auf der einen Seite ist das Unternehmen stark international aufgestellt und verfügt über Standorte in der ganzen Welt. Dennoch soll der Hauptsitz in Duderstadt unbedingt erhalten, sogar ausgebaut werden.

In diesem Zusammenhang muss auch die Auftragsvergabe zur Gestaltung eines Stadtentwicklungsprozesses Duderstadt 2020 gesehen werden. Mit dem „Masterplan Duderstadt2020" stieß der Unternehmer Näder 2009 einen innovativen, weil partizipativen Stadtentwicklungsprozess in Duderstadt an. Dieser sollte, gestaltet und begleitet durch die Hochschule für angewandte Wissenschaft und Kunst (HAWK), die Stadt und ihre Bürger „in Bewegung" setzen.[20] Mit diesem Projekt, welches inzwischen unter großer Bürgerbeteiligung in ein institutionalisiertes und integratives Stadtentwicklungsmanagement gemündet ist, darf Duderstadt auf dem Feld der Stadtentwicklung als Pionier und bundesweit beispielgebend gelten.

Eine echte Besonderheit ist die Vielschichtigkeit der Themenschwerpunkte (siehe Abb. 2.25). Diese ergeben sich aus der Interdisziplinarität der Projektbegleitung und aus den unterschiedlichen identifizierten Anforderungen. Ansatzpunkte bei Duderstadt 2020 sind naturgemäß Unternehmen, daher geht es um Themen des Stadtmarketings und der Standortattraktivität sowie der Fachkräftesicherung. Allerdings kommen wichtige Themen hinzu, die der klassischen kommunalen Wirtschaftsförderung in der Regel eher fremd sind. Noch vergleichsweise nah sind Aspekte der Stadtentwicklung, im Falle der Fachwerkstadt Duderstadt z. B. die Frage, wie das typische Stadtbild erhalten werden kann, aber auch Wohnqualität und zeitgemäße gewerbliche Anforderungen an den alten Baubestand Berücksichtigung finden können. Weniger naheliegend erscheinen auf den ersten Blick Aktivitäten im Kultur- und Jugendbereich. Kunst- und Kulturinitiativen sind jedoch ganz im Sinne von Floridas Elementen zur Sichtbarmachung von kultureller Vielfalt und letztlich Lebensqualität (siehe Baustein 2.6 Abschn. 2.6). Mit dem Schwerpunkt Jugendarbeit in Gestalt von Jugendzukunftskonferenzen, Jugenddiscos, Jugendstadtführern etc. wird aus Wirtschaftsfördersicht nicht zuletzt vorausschauende Fachkräftebindung betrieben, weil sich Duderstadt als attraktiver Standort auch für junge Menschen profiliert.

Die Stadtentwicklungsgesellschaft Duderstadt 2020 selbst agiert dabei auf zwei Ebenen: Zum einen bietet sie eine Plattform, auf der sich die einzelnen Bürger und unterschiedliche Akteursgruppen vernetzen und in Dialog treten können. Weitere Ziele sind die Stärkung des Bewusstseins für bestehende Problemlagen wie den drohenden Fachkräftemangel oder dem steigenden Immobilienleerstand in der Innenstadt und die Vermittlung

---

[19] OttoBock übererfüllt beide Kriterien. Zusätzlich grenzt Simon die *hidden champions* von Großkonzernen ab, indem er einen Höchstumsatz von 5 Milliarden Euro festlegt und von einem vergleichsweise geringen Bekanntheitsgrad in der Öffentlichkeit ausgeht, vgl. Simon (2012).

[20] vgl. ausführlich Engel et al. (2011).

2.7 Baustein 7: Regionales Engagement von Unternehmen

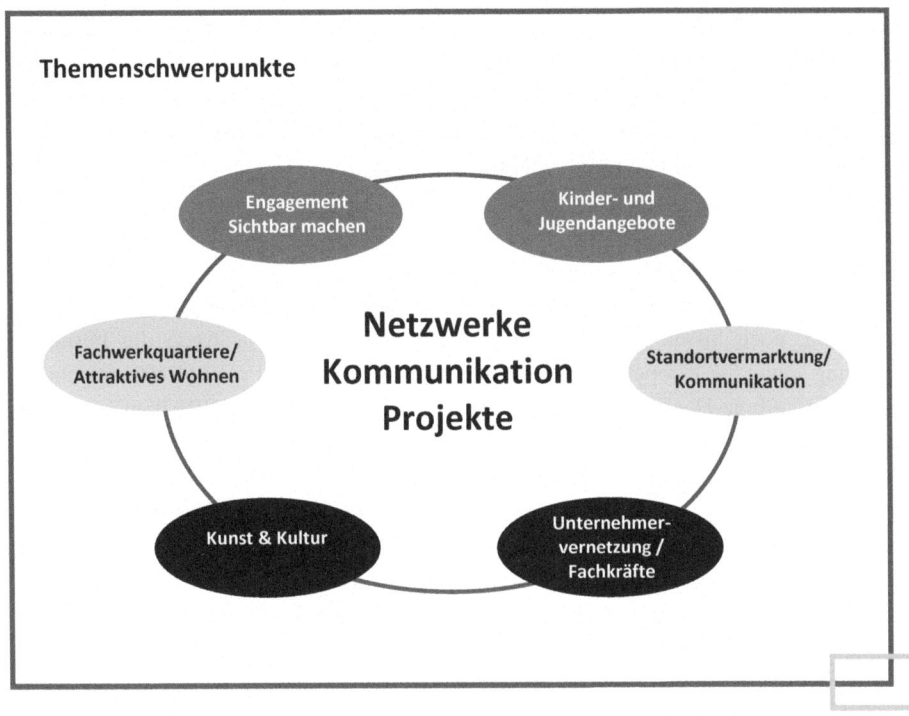

Abb. 2.25 Themenschwerpunkte von Duderstadt 2020 (http://www.duderstadt2020.de/fileadmin/user_upload/Duderstadt2020/themen/Folie_Projekte_neu.jpg. Zugegriffen am 02.02.2016)

von Wissen und Lösungskompetenzen für die Bearbeitung neuer Herausforderungen. Am Ende sollen Pilotprojekte entwickelt werden, die von den Bürgern selbst getragen werden.

Zum anderen fließen diese Pilotprojekte idealerweise in die Arbeitstätigkeit der Stadtentwicklungsgesellschaft Duderstadt 2020 und werden dort zu neuen Dienstleistungen, die dann die Standardgeschäftsfelder Projektmanagement, Eventmanagement und Standortkommunikation ergänzen.

Die Erfolge von Duderstadt 2020 sind letztlich schwer messbar. Dennoch scheint das Ziel, „die Menschen in Bewegung" zu bringen, erreicht worden zu sein. Gemeinsam mit den weiteren und sehr vielfältigen kulturellen und sozialen Aktivitäten des Unternehmers Näder ist sicherlich außerhalb Duderstadts, aber auch in der Bevölkerung selbst eine veränderte Wahrnehmung der Stadt bzw. der Region eingetreten. Ob dies ausreicht, um den Standort Duderstadt dauerhaft und auch für andere Unternehmen attraktiv zu halten, muss sich zeigen.

Neben den unbestrittenen und sichtbaren Vorteilen für die Stadt, stellt sich aber auch die Frage, ob das unternehmerische Engagement auch Risiken für die Stadtentwicklung mit sich bringt. Die Risiken, die im vorausgehenden Abschnitt angesprochen wurden, gelten grundsätzlich auch für Duderstadt, wobei hier bereits der Beweis für ein sehr umfangreiches und nachhaltiges Engagement erbracht wurde.

Entscheidend für einen nachhaltigen Erfolg wird sein, dass alle Akteure der Stadtentwicklung in einer neuen Organisationsform auch eine (Mit-) Verantwortung für den Stadtentwicklungsprozess übernehmen. Die Kommune darf zudem das unternehmerische Engagement nicht nur als Entlastung begreifen, sondern muss vielmehr eigene Ressourcen in den Prozess einbringen und sich so auch zu dem neuen gemeinschaftlichen Weg bekennen.

Resümee
Regionales Engagement von Unternehmen ist weder ein Königsweg für alle Regionen in Deutschland, noch lassen sich damit sämtliche Probleme lösen. Auch die Form der Einbindung sowie die Kooperation von Politik, Verwaltung und Privatwirtschaft generell stellen nicht geringe Herausforderungen dar und bergen jede Menge Risiken und Kommunikationsbedarf.

Wenn allerdings ein oder mehrere regional verwurzelte Unternehmen für eine ernsthafte und nicht nur am eigenen Interesse orientierte Beteiligung auf Dauer gewonnen werden können, ergeben sich dadurch erhebliche Chancen für die Region. Finanzielle und andere Ressourcen können helfen, im Bereich Standortattraktivität und Fachkräftesicherung Dinge zu bewegen und Ziele zu stecken, die mit üblichen „Bordmitteln" der Wirtschaftsförderung nicht erreichbar wären.

Kontroll- und Lernfragen

a. Erläutern Sie den Begriff des CSR.
b. Nennen Sie Beispiele für Aktivitäten im Rahmen von CSR, idealerweise aus Ihrem Umfeld.
c. Ordnen Sie das regionale Engagement von Unternehmen ins Gesamtspektrum der CSR ein.
d. Wägen Sie bitte Chancen und Risiken einer aktiven Beteiligung von Unternehmen in der Stadt- und Regionalentwicklung ab.

Literatur

Abernathy, W. J., & Utterback, J. M. (1978). Patterns of industrial innovation. *Technology Review, 80*(7), 40–47.
Alfred, W. (1909). *Über den Standort der Industrien*. Tübingen: Mohr.
AllianzGlobalInvestors. (2012). Der „grüne" Kondratieff – oder warum Krisen gut sind https://www.allianzglobalinvestors.de/MDBWS/doc/Market-Insights-Gruener-Kondra-tieff.pdf?930e6b6c3ca86400a65be837986ce513d5551e5bwebweb. Zugegriffen am 30.04.2016.
Bathelt, H., & Glückler, J. (2012). *Wirtschaftsgeografie. Ökonomische Beziehungen in räumlicher Perspektive* (3., vollständig überarbeitet Aufl.). Stuttgart: Ulmer.
Beschorner, T., & Schank, C. (2012). CSR – zur Bürgerrolle und Verantwortung von Unternehmen. In A. Schneider & R. Schmidpeter (Hrsg.), *Corporate social responsibility* (S. 155–164). Berlin/Heidelberg: Springer. Online verfügbar unter 10.1007/978-3-642-25399-7_10. Zugegriffen am 03.03.2016.

Literatur

Brunow, S., Blien, U. (2014): Agglomeration effects on labor productivity - an assessment with microdata. (Norface migration discussion paper, 2014-06), London, 21 S.

Christaller, W. (1933, 1980). *Die zentralen Orte in Süddeutschland, Darmstadt: Wissenschaftliche Buchgesellschaft* (3., unveränderte Auflage, Nachdruck der 1. Aufl.). Jena.

Dallmann, B., & Richter, M. (2012). *Handbuch der Wirtschaftsförderung*. Berlin/München: Freiburg.

Dicken, P. (2003). *Global shift: Reshaping the global economic map in the 21st century*. London: SAGE.

Eckey, H.-F. (2008). *Regionalökonomie*. Gabler: Wiesbaden.

Engel, A., Harteisen, U., Hasse, D., Kaschlik, A., Kolb, B., Tränkner, S., et al. (2011). *Duderstadt. Eine Stadt in Bewegung; das Buch zum Prozess „Duderstadt 2020"*. Duderstadt: Mecke.

Europäische Kommission. (2011). Eine neue EU-Strategie (2011–14) für die soziale Verantwortung der Unternehmen (CSR), KOM(2011) 681, Brüssel, http://eur-lex.europa.eu/LexUriServ/LexUriServ.do?uri=COM:2011:0681:FIN:DE:PDF. Zugegriffen am 03.03.2016.

Farhauer, O., & Kröll, A. (2013). *Standorttheorien – Regional- und Stadtökonomik in Theorie und Praxis*. Wiesbaden: Springer Gabler.

Florida, R. (1995). Toward the learning region. *Futures, 27*(5), 527–536.

Florida, R. (2002). *The rise of the creative class*. New York: Basic Books.

Focus online. (2015). Die lebenswerteste Stadt der Welt. http://www.focus.de/immobilien/kaufen/tid-11601/staedteranking-die-lebenswerteste-stadt-der-welt_aid:327574.html. Zugegriffen am 12.09.2015.

Freeman, C. (1992). *The economics of hope: Essays on technical change, economic growth and the environment*. London: Pinter Publishers.

Fromhold-Eisebith, M. (1999). Das „kreative Milieu" – nur theoretisches Konzept oder Instrument der Regionalentwicklung? *Raumordnung und Raumforschung, 2*(3), 168–175.

Fromhold-Eisebith, M. (2014). Erfolgsgeschichte oder Modeerscheinung? Clusterpolitik im Spannungsfeld von Theorie und Praxis. In R. C. Beck, R. G. Heinze, & J. Schmid (Hrsg.), *Zukunft der Wirtschaftsförderung, Reihe Wirtschafts- und Sozialpolitik* (Bd. 14, S. 67–88). nomos Verlag.

Glaeser Edward, L., Kallal Hedi, D., Scheinkman Jose, A., & Andrei, S. (1992). Growth in cities. *Journal of Political Economy, 100*(6), 1126–1152.

Grabow, B., Henckel, D., & Hollbach-Gröming, B. (1995). *Weiche Standortfaktoren, Schriften des Deutschen Instituts für Urbanistik* (Bd. 89). Stuttgart/Berlin/Köln.

Hahne, U. (1985). *Regionalentwicklung durch Aktivierung intraregionaler Potenziale. Zu den Chancen „endogener" Entwicklungsstrategien*. München: Florentz.

IHK zu Köln. (2015). Der Standort auf dem Prüfstand. Umfrage bei kleinen und mittleren Unternehmen, Sommer 2015; http://www.ihk-koeln.de/upload/2015_IHK_Koeln_Standortanalyse_42891.pdf. Zugegriffen am 12.12.2015.

Isard, W. (1956). *Location and space-economy; A general theory relating to industrial location, market areas, land use, trade, and urban structure*. Cambridge: Technology Press of Massachusetts Institute of Technology and Wiley.

Kiese, M. (2008). Stand und Perspektiven der regionalen Clusterforschung. In L. Schätzl & M. Kiese (Hrsg.), *Cluster und Regionalentwicklung: Theorie, Beratung und praktische Umsetzung* (S. 9–50). Dortmund: Rohn.

Kiese, M. (2012). Corporate regional responsibility. https://www.geographie.ruhr-uni-bochum.de/fileadmin/sroe/GfS-Stammtisch_Kiese_2012-07-04.pdf. Zugegriffen am 03.03.2016.

Kondratieff, N., & Erik, H. (Hrsg.). (2013). *Die langen Wellen der Konjunktur: Nikolai Kondratieffs Aufsätze von 1926 und 1928. Neu hrsg. und kommentiert von Erik Händeler*. Moers: Marlon.

Koschatzky, K. (2001). *„Räumliche Aspekte im Innovationsprozess – Ein Beitrag zur neuen Wirtschaftsgeografie aus Sicht der Innovationsforschung* (S. 186–208). Münster: LIT-Verlag.

Lahner, J., & Neubert, F. (2016). *Einführung in die Wirtschaftsförderung*. Wiesbaden: Springer Gabler.

Liefner, I., & Schätzl, L. (2012). *Theorien der Wirtschaftsgeografie* (10. Aufl.). Paderborn: Schöningh.

Marshall, A. (1920). *Principles of economics* (8. Aufl.). London: Macmillan (1. Aufl., 1890) http://www.econlib.org/library/Marshall/marP.html. Zugegriffen am 30.4.2016.

Mercer. (2016). Newsroom. http://www.mercer.com/newsroom/western-european-cities-top-quality-of-living-ranking-mercer.html. Zugegriffen am 25.04.2016.

Möller, J., & Tubadji, A. (2009). *The creative class, Bohemians and local labor market performance: A micro-data panel study for Germany 1975–2004* (ZEW Discussion Papers 08–135). ZEW – Zentrum für Europäische Wirtschaftsforschung/Center for European Economic Research.

Polterauer, J. (2010). Unternehmensengagements als „Corporate Citizen". Zum Stand der empirischen Corporate Citizenship-Forschung in Deutschland. In H. Backhaus-Maul, C. Biedermann, S. Nährlich, & J. Polterauer (Hrsg.), *Corporate Citizenship in Deutschland* (S. 203–239). VS Verlag für Sozialwissenschaften. Online verfügbar unter 10.1007/978-3-531-91930-0_11. Zugegriffen am 03.03.2016)

Porter, M. E. (1990). *The competitive advantage of nations*. New York: The Free Press.

Porter, M. E. (2000). Location, competition, and economic development: Local clusters in a global economy. *Economic Development Quarterly, 14*(1), 15–34.

Porter, M. E. (2003). The economic performance of regions. *Regional Studies, 37*(6–7), 549–578.

Schuler, J. (2008). *Clustermanagement: Aufbau und Gestaltung von regionalen Netzwerken*. Sternenfels: Verl. Wiss. & Praxis.

Schumpeter, J. A. (1952). *Theorie der wirtschaftlichen Entwicklung: Eine Untersuchung über Unternehmergewinn, Kapital, Kredit, Zins und den Konjunkturzyklus* (5. Aufl.). Berlin: Duncker & Humblot (1. Aufl. 1911).

Simon, H. (2012). *Hidden champions – Aufbruch nach Globalia. Die Erfolgsstrategien unbekannter Weltmarktführer*. Frankfurt a. M: Campus-Verlag.

Sternberg, R. (1995). Innovative Milieus in Frankreich. Empirischer Befund und politische Steuerung dargestellt an den Beispielen Paris, Grenoble und Sophia Antipolis. *Zeitschrift für Wirtschaftsgeographie, 39*(3–4), 199–218.

Storper, M. (1997). *The regional world: Territorial development in a global economy*. New York: Guilford Press.

Gesamtresümee und Abschlusskontrolle 3

Zusammenfassung

In diesem Kapitel soll ein abschließendes Resümee erfolgen. Ebenso werden noch einmal Kontrollfragen formuliert, die das übergreifende Verständnis abprüfen und zu einer abschließenden Befassung mit dem Lehrstoff anregen sollen.

3.1 Resümee

Die hier vermittelten Theorien der Entwicklung und Regionalökonomik bieten dem Neuling ein Grundwissen für die tägliche Arbeit und dem Praktiker eine Ergänzung seiner Wissensbasis. Dabei zeigte sich, dass keiner der Ansätze einen alleinigen Erklärungsanspruch erheben darf. Viel zu oft ist die empirische Evidenz wenig eindeutig. Die direkte Übertragung in praktisches Handeln, der Entwurf sehr konkreter und allgemeiner Handlungsanweisungen ist sogar nicht selten als gefährlich einzuschätzen.

Somit dürfte derjenige Leser, der sich von diesem Band einfache Rezepte für den Arbeitsalltag erwartet haben mag, enttäuscht sein, muss sich allerdings auch ein gerüttelt Maß an Naivität vorwerfen lassen. Denn *die* Erfolgsformel für die ökonomische Entwicklung einer Region existiert sicherlich nicht. Wichtig ist dagegen, die Voraussetzungen vor Ort richtig einschätzen zu können. Dazu gehört der Blick in die Vergangenheit, die korrekte Einschätzung der aktuellen Stärken und Schwächen, der Potenziale, der zukünftigen Chancen und Risiken. Und dann gilt es auf dieser Basis Strategien zu entwickeln, die geeignet sind, die spezifischen Möglichkeiten richtig zu nutzen und Beschränkungen abzubauen, letztlich, um erfolgreiche Wirtschaftsförderung betreiben zu können.

Wenn die Lektüre dieses Buches also zu einem ersten oder erweiterten Verständnis, zu einer Reflexion eigener, erlebter oder hier und anderswo beschriebener Handlungsweisen geführt hat sowie zur steten Diskussion und einer weiteren Auseinandersetzung mit Theorie und Praxis angeregt haben sollte, sind die Ziele des Autors voll erreicht worden.

3.2 Abschließende Kontrollfragen

I. Welche unterschiedlichen Nutzen stiften Standortprofile für die tägliche Arbeit des Wirtschaftsförderers?
II. Diskutieren Sie in diesem Zusammenhang Chancen und Grenzen des Benchmarking.
III. In welchem Verhältnis stehen die Exportbasis-Theorie, die Lange-Wellen-Theorie und der Ansatz der Endogenen Regionalentwicklung zueinander? Benennen Sie dabei noch mal die wesentlichen Aussagen.
IV. Inwiefern kann von einer großen Nähe zwischen Marshall und dem so genannten Milieu-Ansatz der GREMI-Gruppe sprechen?
V. Diskutieren Sie vor dem Hintergrund der Agglomerationskräfte die Rolle der Städte für Wachstum und Innovation.
VI. Vernetzung als Erfolgsstrategie – welche Begründung liefert Porter dazu? Berücksichtigen Sie bei Ihrer Darlegung sämtliche Dimensionen eines Clusters.
VII. Nennen Sie Gründe für die Ernüchterung in der Praxis in Sachen Clusterpolitik?
VIII. Welche Bedeutung hat die Kreativität für wirtschaftliche Entwicklung gemäß Florida?
IX. Kann Wirtschaftsförderung positive Anreize für die Ansiedlung der „Kreativen Klasse" setzen? Wenn ja, wie und mit welchen Partnern kann dies geschehen?
X. Welche Facette des CSR ist für Wirtschaftsförderung und Regional- bzw. Stadtentwicklung unmittelbar interessant?
XI. Welche der hier vorgestellten Ansätze und Theorien sehen für die positive wirtschaftliche Entwicklung Ihrer Region (bzw. einer Region Ihrer Wahl) besonders geeignet? Begründen Sie dies!

Erratum zu:
Entwicklung und Regionalökonomie in der Wirtschaftsförderung

Erratum zu:
Jörg Lahner
Entwicklung und Regionalökonomie in der Wirtschaftsförderung,
DOI 10.1007/978-3-658-13936-0_2

Liebe Leserin, lieber Leser,

vielen Dank für Ihr Interesse an diesem Buch. Leider haben sich trotz sorgfältiger Prüfung Fehler eingeschlichen, die uns erst nach Drucklegung aufgefallen sind. Die nachfolgenden Korrekturen wurden jetzt ausgeführt.

Im Original waren die Literaturverweise in Kapitel 2 nicht immer korrekt angegeben. Darüberhinaus wurde Abb. 2.11 durch eine aktuelle Version ersetzt.

Die Online-Version des aktualisierten originalen Kapitels finden Sie unter:
DOI 10.1007/978-3-658-13936-0_2

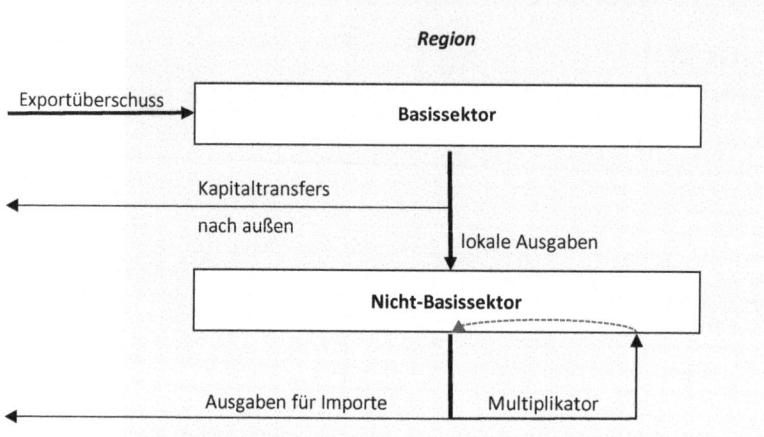

Abb. 2.11 Sektoren und Kapitalströme im Exportbasis-Ansatz (eigene Darstellung)

The manufacturer's authorised representative in the EU is Springer Nature Customer Service Centre GmbH, Europaplatz 3, 69115 Heidelberg, Germany. If you have any concerns regarding our products, please contact ProductSafety@springernature.com

Printed and bound by CPI Group (UK) Ltd, Croydon, CR0 4YY

23/03/2026

02076458-0018